투자 초보자도 쉽게 따라 하는
# 부동산 대출의 기술

투자 초보자도
쉽게 따라 하는

# 부동산
# 대출의
# 기술

주지현 지음

매일경제신문사

　집필을 시작하기 얼마 전에 한 뉴스를 봤습니다. 1988년에 태어난 청년들의 혼인율이 37%에 지나지 않는다는 충격적인 소식이었습니다. 1983년생도 혼인율이 67% 정도여서, 3분의 1 정도는 여전히 미혼이라는 뉴스였습니다. 가장 큰 원인은 역시 높은 '집값'이라고 합니다. 1983년생과 1988년생 중 결혼을 한 사람의 경우 주택 보유의 비중이 35.0%, 21.2%에 달했지만, 미혼자 중에서는 16.1%, 9.1%에 그쳤다는 것입니다. 내 집을 가졌는지, 아닌지가 결혼 여부에도 큰 영향을 미친 것입니다.

---

### 결혼 안 하는 30대 초반… 88년생 혼인율 37%, 83년생은 67%

　30대 초반일수록 결혼을 하지 않는 현상이 두드러지는 것으로 나타났다. 실제로 1983년생과 1988년생의 혼인율은 30% 이상 차이가 났다. 출산율 역시 젊을수록 낮아 격차가 벌어졌다. 1983년생의 경우 여성 4명 중 1명은 출산으로 경력이 단절됐다.

　… 주택 소유 비중은 10~20% 수준으로 적었다. 83년생의 28.8%는 집을 가지고 있었고, 88년생은 이 비중이 13.6%에 불과하다. 기혼자의 경우 83년생과 88년생의 주택 소유 비중은 각각 35.0%, 21.2%였다. 미혼자는

---

16.1%, 9.1%로 이보다 적었다.

통계청 관계자는 "아무래도 결혼을 하면서 집을 구할 가능성이 크기 때문에 기혼자가 많은 83년생의 주택 소유 비중이 높았던 것으로 보인다"라고 설명했다.

오은선 기자, 〈파이낸셜뉴스〉, 2021. 12. 14

정말 그런지 월급쟁이의 입장에서 알아볼까요? 여기, 교대를 졸업하자마자 임용시험을 우수한 성적으로 합격하고 세는나이(한국식 나이)는 24세에 3월 1일자로 발령 받은 신규교사 김민지 선생님이 있다고 합시다.

집안 사정상 부모님의 재정적 도움을 바랄 수 없는 김민지 선생님은 30세에 결혼하기 위해 6년간 숨만 쉬고 살면서 필사적으로 돈을 모아보기로 합니다. 평소에는 월평균 100만 원을 저축하고(연차가 쌓일 때마다 저축액을 월 5만 원씩 늘리기로 합니다), 심지어 자신이 교사로서 받는 모든 보너스(성과급, 정근수당, 명절휴가비, 연말정산 환급금)까지 모두 털어 넣어 미래자금을 모으기로 합니다.

이렇게 독한 마음을 먹은 김민지 선생님이 6년 후에 30세의 7년 차 교사가 되었을 때 모은 돈은 얼마나 될까요? 필자가 가진 자료로 계산해보니, 김민지 선생님이 모은 돈은 1억 4,000만 원 정도로 나옵니다.

비슷한 여건의 초등교사 남자친구 이지훈 선생님을 만나 결혼한다고 하더라도 두 사람이 모을 수 있는 돈은 2억 5,000만 원 정도에 불과합니다. 이지훈 선생님은 중간에 교직을 휴직하고 1년 6개월간 국방의

의무를 수행하느라 수입의 공백이 발생해, 김민지 선생님보다 3,000만 원 정도가 부족한 1억 1,000만 원 정도를 모았기 때문입니다. 그마저도 필자의 원고를 읽으시는 분 중 상당수는 김민지, 이지훈 선생님만큼의 돈을 모으지 못했을 가능성이 큽니다.

(단위 : 만 원)

| 구분 | 1년 차 | 2년 차 | 3년 차 | 4년 차 | 5년 차 | 6년 차 | 7년 차 | 총액 |
|---|---|---|---|---|---|---|---|---|
| 세후 월급 | 2,192 | 2,766 | 2,844 | 2,946 | 3,099 | 3,128 | 3,209 | 20,184 |
| 성과급(B등급) | 0 | 291 | 349 | 349 | 349 | 349 | 349 | 2,036 |
| 명절휴가비 | 130 | 264 | 271 | 281 | 293 | 306 | 318 | 1,863 |
| 정근수당 | 0 | 33 | 57 | 82 | 110 | 140 | 173 | 595 |
| 월 저축액 | 1,000 | 1,260 | 1,320 | 1,380 | 1,440 | 1,500 | 1,560 | 9,460 |
| 보너스 저축액 | 130 | 588 | 677 | 712 | 752 | 795 | 840 | 4,494 |
| **연 저축 총액** | **1,130** | **1,788** | **1,997** | **2,092** | **2,192** | **2,295** | **2,400** | **13,954** |

김민지 선생님이 7년간 꾸준히 저축할 때 모을 수 있는 돈

그런데 어떤가요? 이렇게 독하게 돈을 모은 김민지, 이지훈 선생님이 결혼에 가장 중요한 부분을 차지하는 '내 집'을 마련하려고 보니, 집값이 그동안 모은 돈에 비해 정말 엄청나게 무시무시한 수준으로 높습니다.

KB부동산 리브온이 발표한 2021년 12월의 전국 각 지역 아파트의 평당 매매가를 김민지, 이지훈 선생님 커플이 들어가려는 전용면적 59㎡(공급면적 24평)로 환산해보니, 서울시에서는 11억 6,000만 원, 수도권에서는 4억 9,000만 원, 지방 5대 광역시에서도 3억 4,000만 원이 필요한 것으로 나타나기 때문입니다.

이 커플이 들어가려는 전국 대도시 중 두 사람이 모은 돈으로 오롯이 아파트에 들어갈 수 있는 지역은 단 한 곳도 없었습니다. 누구나 다 아

는 이야기라 새삼스럽지도 않으시지요?

현실적으로 평범한 월급쟁이의 수입 수준으로는 부모님이나 은행의 도움을 받지 않고서는 내 한 몸 누일 곳도 마련하기 녹록지 않습니다. 부모님의 빵빵한 지원을 받을 수 있는 소수의 '금수저'를 제외하면, 평범한 월급쟁이는 결국 대출과 친해지는 수밖에 도리가 없습니다.

그런데 문제는 요즘 들어 은행들이 대출을 잘 해주려 하지 않는다는 것입니다. 정부의 전방위적인 대출 규제와 은행 건전성을 새로이 규제하는 국제협약 '바젤3'가 동시에 시행되기 때문입니다. 뭐, 필자도 그렇지만, 독자 여러분도 은행에 대출 상담을 하기 위해 찾아갔다가 큰 충격과 낙담만을 가지고 은행 문을 나선 경험이 한두 번은 꼭 있을 것입니다. 이런 상황에서 월급쟁이라면 어떻게 대응해야 할지 이야기를 좀 풀어보겠습니다.

이 책은 '대출'을 전반적으로 다루고 있습니다. 우리가 대출을 어떻게 바라봐야 하는지, 대출을 어떻게 활용할 수 있는지, 대출을 활용한 자산 증식은 가능한지 등을 독자 여러분과 함께 고민해보고자 합니다. 필자의 글이 독자 여러분의 '좋은 대출'을 위해 조금이나마 도움이 된다면 더 바랄 것이 없겠습니다.

주지현(네모쌤)

## CHAPTER 3

# 좋은 대출, 이건 몰랐지?

## CHAPTER 4

# 대출받고 후회하지 않으려면 꼭 챙겨야 할 4가지

# CHAPTER 7
## 도전! 대출의 실전

# CHAPTER 1

월급쟁이도
부자가 될 수 있을까?

# 평범한 대학생, 건물주를 꿈꾸며
# 투자에 뛰어들다

"지현아, 얼른 일어나. 학교 가야지!"

여느 초등학생을 키우는 엄마와 자녀의 대화 같으시지요? 웃프지만, 대학생이었던 필자를 깨우는 어머니의 목소리였습니다. 매일 아침만 되면 학교에 보내려는 어머니와 하루라도 더 수업을 '땡땡이'치려는 필자 사이에 줄다리기가 벌어지고는 했습니다. 그때 필자는 정말 수업을 듣기가 너무나 싫었거든요. 학교에 나가는 것도 자꾸 피하고만 싶었습니다.

대학생이 학교 수업 안 듣고 땡땡이치는 것이 뭐가 이상하냐고요? 여기에는 나름 사정이 있었습니다. 당시 필자는 깊은 방황을 하고 있었습니다. 정치외교학과나 사학과를 나와 언론인(정치부 기자)이 무척이나 되고 싶었던 필자는, 고등학교 3학년 때 응시했던 대학수학능력시험(이하 수능)에서 목표했던 대학과 학과에 들어가기에는 부족한 점수를 받고 말았습니다. 가고 싶은 대학, 학과가 너무 뚜렷한 나머지 당장 갈 대학이 없어진 저에게, 부모님께서는 교육대학교(이하 교대) 입학을 권했습니다. 부모님은 그전부터 진로가 불투명한 정치외교학과보다는 진로가 확실(?)한 교대 진학을 더 원하셨던 차였습니다. 학창시절부터 '교사'라는 직업을 부모님이 원하신다는 것을 알고는 있었지만, 평소 생각해본 적도 없는 미지의 세계였기 때문에 며칠에 거쳐 고민에 고민을 거듭했습니다.

교대에 입시원서를 넣기로 하고 어찌어찌 합격은 했지만, 원래부터 원하지 않았던 학과였기에 필자의 적성에 맞을 리는 만무했습니다. 1학년 때부터 듣는 '아동교육론', '교육학' 같은 수업들은 다른 나라 이야기 같고 생소했습니다. 재미있지도 않았습니다.

교생실습에 나가 보니 어린아이들은 그저 교생선생님 왔다고 반갑게 달려오는데, 필자는 도무지 그 아이들이 예뻐 보이지 않았습니다. '내가 이렇게 교사가 되어도 괜찮은가?' 하는 의구심이 들면서, 집에 들어오면 게임에 빠지기 일쑤였습니다. 그때 즐겼던 '풋볼 매니저'와 '문명' 게임이 얼마나 재미있었던지….

학교 수업에 빠지는 날은 갈수록 늘어났고, 학교에서도 '아싸(아웃사이더)'가 되어갔습니다. 학기 말 성적표가 집에 날아오면 당시 류현진 선수 평균자책점을 뺨치는 낮은 성적을 받아오기 일쑤였습니다.

부모님께서는 이런 필자의 모습에 무척이나 마음 아파하셨습니다. 자식이 교대에 입학한 김에 이왕이면 열심히 공부해서 훌륭한 '참교사'가 되었으면 하셨는데, 그 자식이란 녀석은 하루하루 게임에만 빠지며 그럴 생각이 하나도 없어 보였기 때문입니다. 부모님도 당신들의 뜻에 따라 강권해서 보낸 대학이라는 것을 알고 있었기 때문에, 무작정 공부하라고만 닦달할 수도 없고 무척이나 답답해하셨습니다. 그러던 중에 부모님이 필자의 방문을 열고 들어오셨습니다.

"지현아, 우리랑 이야기 좀 하자."
평소와는 다른 진지한 목소리에 적잖이 당황했습니다. 무슨 일이었을까요?

"지현아, 교대가 적성이 맞지 않아서 헤맨다는 것을 알고 있다. 그렇게 선생 되기가 싫으냐? 애들이 마음에 안 들어?"
"네, 정말로 싫어요. 남들은 어린이들이 귀엽고 예쁘다는데, 뭐가 예쁜지 모르겠어요. 아이들 비위 맞춰주는 것도 싫고, 내가 뭐 하는 짓인가 싶던데요?"
"그래. 네가 하기 싫은 것 억지로 강요할 수도 없는 노릇인데, 그렇다고 이렇게 하루하루 시간을 낭비하는 것도 안 될 일이다. 엄마, 아빠랑 뭐 하나 의논했으면 좋겠구나."
"뭔데요?"
"어차피 공부도 하지 않고 시간을 보내는 것, 이왕 조금이라도 의미

있는 일에 시간을 투자하면 좋을 것 같아서 말이야. 엄마, 아빠한테 뭐 하나 배워볼래?"

그때 부모님이 권하셨던 것은 다름 아닌 '재테크'와 '투자'였습니다. 이른바 '흙수저' 커플로 만나 결혼한 부모님께서는 두 아들에게 가난을 물려주지 않겠다는 의지로 똘똘 뭉쳐 있었습니다. 그렇게 인천시의 분양가 2,000만 원짜리 빌라에서 신혼생활을 시작한 부모님께서는, 어느 덧 필자의 대학생 시절 기준으로 건물도 보유하고 월세를 받는 부동산을 여럿 보유하게 되셨습니다. 그런 부모님께 투자를 배워보라는 말씀이었습니다.

그러고 보니 필자의 부모님이 이쪽에 감각이 있는 것은 맞는 것 같았습니다. 남들보다 돈을 지독하게 아끼기도 했지만, 당신들만의 철학과 안목으로 투자를 거듭하며 자산을 조금씩 불려 나갔습니다. 주식도 남들이 다 아는 우량주보다는 사람들이 잘 모르거나 외면하는 저평가주에 투자를 많이 하셨습니다.

중학생 때는 살기 좋은 신도시를 떠나 허허벌판에 이사를 왔다고 불평하는 필자를 새집 앞에 있는 지하철 공사장에 데려가셨습니다. 그러시면서 "여기에 인천에서 서울로 가장 빨리 갈 수 있는 전철(공항철도)이 곧 들어올 거야"라며, 한 시간 넘게 당신들이 이곳에 투자와 이사를 결정한 이유를 설명하는 분들이기도 했습니다.

"기업의 주식을 살 때는 초등학교 5학년짜리도 이해할 수 있을 정도로 설명해야 그 주식을 살 준비가 된 것이다"라는 피터 린치(Peter Lynch)의 말을 그대로 실천하고 계셨던 셈입니다(물론 저희 부모님은 피터 린치의 ㅍ자도 모르는 분들입니다).

그렇게 분양을 받아 이사를 온 아파트의 매매가는 분양가 대비 5배가 올랐습니다. 처음에는 모아가는 돈이 별 볼 일 없지만, 자산증식에 속도가 붙으면 불어나는 자산의 크기가 눈덩이처럼 커진다는 '스노우볼 효과'도 책이 아닌 부모님을 통해 처음 배웠습니다.

역시 '가방끈'도 짧고 투자를 전문적으로 공부한 것도 아닌 부모님은 '스노우볼 효과'라는 용어가 있는 줄도 모르셨지만, 순전히 당신들의 경험에 따라 체득한 것을 필자에게 들려준 것이었습니다.

부모님의 권유로 투자를 공부하며 시작해보겠다고 결심하니, 온통 신기한 것 투성이였습니다. 가장 흥미로웠던 것은 부모님의 통장계좌였습니다. 물론 아버지께서 직장을 다니면서 받는 월급도 들어오지만, 그것보다 이곳저곳의 부동산에서 월세 명목으로 들어오는 돈이 훨씬 많았습니다.

'일하지 않고도 돈이 들어올 수 있다니…' 당시 월 100만 원 남짓의 과외 아르바이트를 하면서 돈은 그저 직장에서 일하며 받는 '근로소득'만 있는 줄 알았던 필자는, '자본소득'이라는 녀석을 처음 알고는 그저 신세계와도 같았습니다.

그때 부모님께서 들려주신 "자본주의 사회에서는 일하지 않고도 돈 버는 사람이 진짜 승자다"라는 말씀이 뇌리에 강하게 꽂혔습니다. '이거다' 싶었습니다. 나도 여기에 인생을 걸어보자고 다짐했습니다. '나도 우리 엄마, 아빠처럼 건물주가 될 수 있다면…'이라는 생각이 필자에게 강한 동기가 되어주었습니다.

당시 부모님은 이런 것들을 세팅하심으로써 40대의 나이에 당신들의 노후 준비를 이미 끝내놓고 계셨습니다. 당장 아버지께서 다니는 직장에서 해고를 당해도 크게 걱정할 것이 없었습니다. 부모님의 그런 모습을 필자도 본받고 싶었습니다. 필자가 이런 마음을 먹은 당시는 2010년으로, 아직 우리나라에 '건물주'와 '경제적 자유' 열풍이 불기도 전이었습니다.

투자에 도전하기로 결심은 했지만, 필자의 첫 출발은 처참하기 그지 없었습니다. 당시 경제 관념이 눈곱 만큼도 없었던 필자는 과외비를 받으면 취미생활비나 비싼 밥값을 대느라 돈을 탕진하기 바빴기 때문에, 모은 돈이 별로 없었습니다. 마음을 먹고 통장을 열어보니 남은 돈이 100만 원 남짓이었습니다. 겨우 한 달분의 과외비만 남아 있었던 것입니다. 사실 그 정도 돈이 통장에 들어 있던 것도 용하다 싶었습니다. 하지만 100만 원 정도의 종잣돈도 충분히 쓰일 곳이 있다고 생각하며, 저도 본격적인 투자의 세계에 입문하게 되었습니다.

# 돈 없는 사회초년생,
# 좋은 대출에서 답을 찾다

투자의 세계에 입문한 필자는 재테크와 투자의 ABC부터 배운다는 생각으로 공부에 몰입하기 시작했습니다. 사실 공부를 시작하면서 두려움이 앞섰습니다. 당시에는 지금처럼 유튜브가 발달하지 않았고 투자를 전문적으로 공부할 수 있는 플랫폼이 매우 부족했기 때문에, 순전히 서점에서 파는 책의 도움에만 의존해야만 했습니다.

필자의 부모님이 재테크와 투자를 전문적으로 공부한 것이 아니기에, 공부를 어떻게 해야 할지 설계하는 과정에서 부모님의 도움을 받을 수도 없었습니다. 그러다 보니 좋은 투자 서적을 찾는다고 서울 광화문의 교보문고에서 한나절을 꼬박 틀어박혀 책만 뒤적뒤적했던 적도 많았습니다.

또 필자는 수능에서 수학 성적이 부족해서 원하는 대학과 학과에 가지 못한 아픈 기억이 있습니다. 따라서 재테크와 투자를 제대로 이해하려면 숫자가 많이 등장하는 투자 공부의 특성상, 수학적인 감각이 많이 필요할 것으로 생각해 지레 겁을 먹었습니다. 어렸을 때부터 '숫자 감각'이 부족했는데, 투자 공부를 잘 감당할 수 있을지 자신이 없었습니다.

그러다 보니 처음에는 투자 공부를 어떻게 시작할지 도통 감을 잡을 수가 없었습니다. 처음에는 호기롭게 투자 공부를 시작했지만 얼마 지나지 않아 '그냥 포기할까?' 하는 생각이 머릿속을 가득 채우기도 했습니다.

그렇게 대형서점을 정처 없이 떠돌면서 좋은 공부방법을 찾기 두 달째, 필자는 투자를 어떻게 공부할 수 있을지 나름의 결론을 얻을 수 있었습니다. 필자는 점차 다가오는 초등교사 임용시험 공부방법을 투자 공부에도 응용해보면 어떨까 하는 아이디어를 냈습니다. 무슨 방법인가 하니, 바로 'Top-Down 방식(하향식)'의 공부방법을 투자 공부에도 활용해보자는 것이었습니다. 그러고 보니 필자가 수능을 공부할 때도 비슷한 방법을 사용했던 것 같습니다.

'Top-Down 방식'의 공부방법을 설명하면 이렇습니다. 초등교사 임용시험에 응시하는 수험생들은 내용의 특성상 큰 틀에서부터 차츰 세부 분야로 세분화하면서 깊이 있게 공부해 나가는 특징이 있습니다. 처음에는 임용시험 공부 전체의 큰 틀을 이루는 '교육과정 총론'을 공부했다가, 차츰 '교육과정 각론'으로 범위를 좁혀 공부하기 시작합니다. 그리고 그다음에는 학년별·교과별 지도내용을 공부하게 되고, 다음에는 각 교과에 있는 단원별 내용을 살펴보기 시작합니다. 그리고 각 단원에 있는 세부 내용을 살펴보는 식으로 공부를 많이 합니다. 처음에는 국가 수준 교육과정을 공부하다가, 6학년 1학기 미술책 52쪽에 나와 있는 그림에 이르기까지 공부의 범위를 좁혀나가는 것입니다.

| 단계 | 분야 | | | | | | | |
|---|---|---|---|---|---|---|---|---|
| 1단계 (총론) | 재테크와 투자를 왜 공부해야 하는가?<br>(마인드를 세팅하고 의지를 다잡기 위해 책을 읽으며 정리하기) | | | | | | | |
| 분야 (각론) | 경제 및 금융상식 | 주식 | 부동산 | | | | | 채권, 외환, 암호화폐 등 기타 자산 |
| 2단계 | · | · | 부동산 투자를 왜 공부해야 하는가?<br>(마인드를 세팅하고 의지를 다잡기 위해 책을 읽으며 정리하기) | | | | | · |
| 3단계 | · | · | 매매방법 | 세금과 제도 | 호재 및 지역분석 | 투자방법 | 기타 | · |
| 4단계 | · | · | | 호재분석 | 지역분석 | 기타분석 | · | · |
| 5단계 | · | · | | 비수도권 | 서울시 및 수도권 | 기타(해외?) | · | · |
| 6단계 | · | · | | 서울시 | 인천시 | 경기도 | · | · |
| 7단계 | · | · | | 지역적 특성 | 지역(구)별 분석 | 법과 제도 | · | · |
| 8단계 | · | · | 부평구 | 연수구 | 서구 | 계양구 | 중구 | · |
| 9단계 | · | · | 도심지 | 검단 신도시 | 검암지구 | 청라 | 루원 시티 | · |
| 10단계 | · | · | 지역 특성 | 호재 | 투자 대상 (아파트?) | 법과 제도 | 투자 비용 | · |

필자가 재테크와 투자를 공부하며 나름대로 개발한 'Top-Down 방식(하향식)' 10단계 공부방법

재테크와 투자 공부도 마찬가지였습니다. 필자가 나름대로 개발한 '10단계 공부방법'도 임용시험 공부방식을 가져왔습니다. 먼저는 공부의 설계도를 옆의 표와 같이 그립니다. 앞에서부터 말씀드렸다시피 표 윗부분의 큰 틀에서부터 아랫부분의 세부 내용으로 범위를 좁혀가며 공부하는 형태로 되어 있습니다.

처음에는 '총론'에 해당하는 큰 틀을 먼저 잡아나갔습니다. 왜 내가 투자를 공부해야 하는지, 투자를 통해 이루고자 하는 꿈이 무엇인지 같은 것들을 공부했습니다. 이를 통해 내가 투자를 통해 왜 성공해야 하는지, 어떻게 성공할 것인지 같은 생각들을 정리했습니다.

그다음에는 투자 공부를 큰 틀에서 주식과 부동산, 기타 자산 등 몇 가지 분야로 나눕니다. 그리고 그중 한 분야를 선택한다면 단계별로 내용을 세분화해 나갑니다. 이것이 바로 투자 공부의 '각론'입니다. 그렇게 내가 공부할 각론의 범위를 좁히다 보면 시간과 방법을 절약해 가면서 내가 공부할 내용을 정할 수 있었습니다. 그렇게 하나하나씩 차근차근 공부해 나갔고, 점차 투자에 대한 개념과 지식, 안목을 점차 넓혀갈 수 있었습니다.

<생애주기별 투자 목표>

1단계. 종잣돈 1,000만 원을 만든다.

2단계. 종잣돈을 3,000만 원으로 불린다.

3단계. 결혼자금을 만든다.

4단계. 내 집을 산다.

5단계. 자본소득을 월급만큼(또는 이상으로) 버는 사람이 된다.

6단계. 서울시에 내 집(32평 아파트)을 산다.

7단계. 평생 자본소득 월 500만 원 이상을 벌어다 줄 파이프라인을 구축한다.

8단계. 자본소득(순수익) 월 1,000만 원을 달성한다.

9단계. 자녀가 성인이 되었을 때 서울시나 수도권에 집을 사줄 수 있는 부모
가 된다.

10단계. 당당하게 명예퇴직한다.

필자가 대학생 시절에 설정한 생애주기별 투자 목표

투자하면서 내가 성취하고 싶은 생애주기별 투자 목표도 정했습니다. 이른바 'SKY'라는 명문대학교에 입학하거나 고시, 전문직 시험 등에 합격할 만큼 공부를 잘했던 사람들의 이야기를 참고했습니다.

그들은 자신의 공부 목표를 정할 때 그냥 "열심히 하겠다", "하루에 몇 시간 이상 공부하겠다" 같은 막연한 목표보다는, 그날그날 성취 가능한 구체적 목표를 설정하고 그대로 실천한 경우가 많았다고 합니다.

"오늘은《수학의 정석》을 몇 쪽에서 몇 쪽까지 보고, 공부한 것을 남들에게 설명할 수 있을 때까지 반복하겠다", "오늘은 행정법 기본서 몇 쪽에서 몇 쪽을 공부한 후, 공부한 내용을 백지에 모두 써낼 수 있을 때까지 반복하고 잠들겠다" 하는 식으로, 구체적이면서 자신이 꼭 지킬 수 있는 목표를 정해 그대로 지켰다는 것입니다. 필자도 그 방법을 가져와서 투자 목표를 정했습니다.

그리고 각 목표를 달성하기 위한 세부적인 계획도 세워나갔습니다. 1단계의 목표는 어떤 방법으로 이룰 수 있을지, 위험자산 투자의 비중을 몇 %, 안전자산 투자의 비중을 몇 %로 가져갈지, 예상 투자 기간은 얼마로 설정해 달성할 것인지, 이 단계를 달성하는 과정에서 어떤 사람들의 도움을 받을 수 있을지 같은 항목들이 들어간 계획들을 차례차례 세워 하나의 문서로 만들었습니다. 그리고 그대로 실천하기로 했습니다. 심지어 이 계획은 지금도 철저하게 지키고 있습니다.


그렇게 계획을 세워서 나름 1년을 넘게 공부하고 본격적인 투자를 시작했습니다. 종잣돈이 부족했기 때문에 주식 투자부터 시작했습니다. 투자할 때는 내가 그동안 공부한 그대로 실천했습니다. 다행히 운도 따랐습니다. 50% 이상의 수익률을 몇 번 내다 보니 100만 원에서 시작한 종잣돈이 어느덧 3,000만 원 이상으로 불어난 것입니다.

그런데 한계에 부딪혔습니다. 아무리 남들보다 높은 수익률을 내도 한계가 있었습니다. 종잣돈 100만 원에서 100% 수익률을 기록해 봐야 200만 원이고, 200만 원에서 50% 수익률을 내봤자 300만 원으로 불어나는 데 그칩니다. 분명히 투자를 공부할 때는 자신의 여윳돈 내에서 투자하라고 배웠기에 그것을 철저히 지키려고 노력했는데, 이래서 언제 결혼자금과 내 집 살 돈을 모으나 하는 고민에 휩싸였습니다. 이만큼 달려온 것도 운이 정말 좋았던 게 컸는데, 그 운이 언제까지 지속할지도 모를 일이었습니다. 필자는 도대체 어떻게 해야 할까요?

그때 부모님께서 필자에게 힌트를 하나 던져주셨습니다.
"지현아, 그럴 때에는 대출을 활용해보면 어떨까?"

'대출? 잘못했다가는 집 안에 빨간딱지가 덕지덕지 붙고 패가망신하는 지름길 아닌가?' 하는 걱정이 앞섰습니다. 필자는 그때까지 은행에 가서 대출을 받아본 적이 없었습니다. 그리고 대출을 제대로 관리하지 못해 신용불량자가 되고 거리에 나앉는 사례들을 수없이 봤습니다. 대출은 절대로 가까이하지 말아야 할 '절대악'처럼 느껴졌습니다. 그런데 대출을 활용하라니요?

| 구분 | 대출을 활용했을 때의 투자 성과 | 대출을 활용하지 않을 때의 투자 성과 |
|---|---|---|
| 투자 원금 | 3,000만 원 | 3,000만 원 |
| 대출금 | 3,000만 원 | 0원 |
| 총투자금 | 6,000만 원 | 3,000만 원 |
| 수익률 | 100% | 100% |
| 수익금 | 6,000만 원 | 3,000만 원 |
| 수익실현 후 종잣돈의 변화 | 3,000만 원 → 9,000만 원 | 3,000만 원 → 6,000만 원 |
| 투자 원금 대비 수익률 | 200% | 100% |

필자의 부모님이 알려주신 '레버리지 투자'의 힘

부모님의 말씀은 이러했습니다. 내 돈 3,000만 원만 가지고 투자를 실행해서 100% 수익률을 낸다면 종잣돈이 6,000만 원으로 3,000만 원이 불어나는 데 그칩니다. 그러나 여기에 남의 돈 3,000만 원을 대출받아 6,000만 원의 투자금으로 100% 수익률을 낸다면, 종잣돈이 1억 2,000만 원까지 불어난다는 것입니다.

대출을 상환한 후 순수익금만 따져도 6,000만 원이니, 실투자금(내 돈) 대비 수익률은 100%가 아닌 200%까지 2배나 올라갈 것입니다. 물론 여기에는 전제조건이 붙습니다. 내가 원리금 부담과 상환조건에서 감당할 수 있는 대출을 활용하고, 원리금 상환을 절대 뒤로 미루면 안 된다는 것입니다. 이런 조건을 지킬 수 있다면 내 돈만 쓰는 것보다 대출을 활용해 투자하는 것이 훨씬 더 현명하다고 부모님께서는 조언해주셨습니다.

'그래? 대출이 그렇게 나쁜 것만은 아니구나. 그렇다면 좋은 대출도 한번 생각해볼까?' 천신만고 끝에 초등교사 임용시험에 합격해 사회초년생에 접어든 필자는 앞서 설정한 투자 목표의 다음 단계를 성취하기 위해 '대출'이라는 새로운 길을 찾아 나서게 됩니다.

# 정부의 부동산 정책에
# 힘껏 베팅하다

마침 이 시기의 필자는 뜻밖의 기쁨을 맛보게 됩니다. 뛰어나지 않은 외모에, 이성에게 어필할 매력이라고는 눈곱만큼도 없어 보였던 필자에게 평생의 동반자, 반려자가 될 만한 여자친구가 나타난 것입니다. 선하고 푸근한 인상에 함께 있을 때마다 행복하고 즐거웠습니다. 평생 이런 기분을 느껴본 적이 없었습니다. 사귀게 된 지 얼마 되지 않아 필자는 떨리는 가슴을 부여잡고, 여자친구에게 울먹이며 프러포즈를 했습니다. 다행히 승낙을 받아 결혼을 준비하게 되었습니다. 마침 양가 부모님께서도 필자와 여자친구 두 사람의 첫출발을 응원해주셨고, 저희는 결혼을 준비하게 되었습니다.

그러나 문제는 따로 있었습니다. 양가 부모님께서 그동안 열심히 살아온 덕분에 당신들의 노후 준비는 되어 있는 상태였지만, 저희가 원하는 만큼의 결혼자금을 지원하기는 무리라고 말씀하신 것입니다. 지금에 비하면 훨씬 저렴하지만, 그때도 비쌌던 서울시의 집값을 생각하면 솔직히 섭섭했습니다. 그렇다고 양가 부모님의 노후 준비를 목적으로 평생을 모아둔 자산을 자녀인 저희가 한순간에 함부로 빼앗아간다는 것도 말이 되지 않았습니다. 그래서 양가 부모님께서 지원해주신 돈과 저희 커플이 그동안 불린 돈을 모아 보니 서울시에 있는 아내 직장 근처에서 12평 빌라 전셋집에 대출을 받아서 들어갈 돈밖에 나오지 않았습니다.

서울시에서 초등교사로 일하는 아내의 학창시절 친구 중에는 결혼하면서 친정이나 시댁의 도움을 받아 강남의 좋은 아파트에 내 집을 턱턱 마련하는 경우를 적지 않게 봤습니다. 그런 친구들을 옆에서 지켜보다 작은 빌라에서 신혼생활을 시작하게 된 아내는 속이 무척 상해 보였습니다.

옆에서 그런 아내의 모습을 지켜보자니 저도 덩달아 마음이 아팠습니다. 이왕이면 처음부터 좋은 환경에서 결혼생활을 시작한다고 생각했는데, 그러지 못하니 오죽했을까요? 그렇지만 필자는 낙담하지 않기로 했습니다. 마침 필자에게 기회가 찾아온 것입니다.

필자 부부가 결혼했던 당시는 2016년 겨울 촛불 시위 정국을 지나, 2017년 봄, 문재인 정부 탄생을 앞둔 때였습니다. 학창시절부터 열심히 신문기사와 뉴스를 탐독하고 분석하면서 사회의 흐름을 읽어내려고 노력했던 저는 그때 무릎을 '탁' 하고 쳤습니다. 그리고 아내에게 이야기를 꺼냈습니다.

"여보, 우리만 뒤처지는 것 같아서 무척 속상하지? 이것밖에 해줄 수 없어서 정말 미안해."

"몰라….”

"그렇지만 여기서 포기하지 말자. 지금은 작은 빌라에서 시작하지만, 미래의 우리는 반드시 큰 부를 이룰 수 있어. 어쩌면 여보 친구들보다 더 말이야."

"거짓말하지 마. 우리가 1년에 모으는 돈이 얼마나 된다고, 말이 되는 소리를 해.”

"아니, 진짜라니까? 내 이야기를 좀 들어 봐.”

"도대체 뭔데?"

필자의 의견은 이러했습니다. 당시 대통령에 당선될 것이 유력했던 문재인 후보를 자세히 살펴보면 답이 나온다고 했습니다. 문 후보 본인부터 참여정부 시절, 노무현 전 대통령의 가까운 서리에서 곁을 지켰던 사실을 주목해보자고 했습니다. 그러했던 문 후보가 참여정부와 반대되는 경제 정책과 부동산 정책을 낼 리는 만무하다고 생각했습니다. 마침 참여정부 시기, 우리나라의 부동산 시장은 정부의 의도와는 반대로 활황을 거듭했습니다. 문 후보의 주변을 지키는 참모 중에 참여정부에서 경제와 부동산 정책을 담당했던 분들이 많았던 점 역시 놓치면 안된다고 역설했습니다. 여기에 필자 아이디어의 핵심이 있다고 했습니다. 바로 차기 문재인 정부의 부동산 정책에 힘껏 베팅해보자는 것입니다. 우리가 가진 힘과 수단을 총동원해서 말입니다. 우리나라 부동산 시장의 역사를 알고 이해한다면, 결코 실패할 수 없는 생각이라고 힘주어 이야기했습니다.

필자가 결혼을 준비하던 당시에는 서울시와 수도권의 부동산 시장이 오랜 침체기에 빠져 있을 때였습니다. 2008년 세계금융위기에서 벗어난 지 8년여가 지났지만, 국내의 부동산 경기는 하락장에서 막 빠져나와 보합세에 머무르고 있었습니다. 서울시의 주요 도심지인 마포구의 아파트를 평당 1,800만 원, 32평 기준 6억 원 정도면 살 수 있었던 시절이었습니다.

전임 박근혜 정부의 기획재정부 장관을 맡았던 분이 "빚내서 집 사라"라는 말을 남길 만큼, 정부에서 부동산 경기를 부양시키기 위해 최선을 다했지만, 생각처럼 잘 안 되었습니다. 심지어 그때에도 서울시와 수도권의 집값은 거품이라는 말이 많았고, 다시 떨어질 일만 남았다는 폭락론도 비등했습니다. 당시 부동산 경기에 좋은 말을 하는 사람은 아무도 없었습니다. 그때 필자는 부동산 시장에 힘껏 베팅해보자고 아내를 설득한 것입니다.

박근혜 정부 경제 정책의 여파로 집을 마련할 여건도 굉장히 좋았습니다. 지금보다 은행에서 대출을 받기도 매우 쉬워서, 필자의 부모님이 조언한 대로 대출을 활용한 부동산 투자를 실행하는 데 유리했습니다.

따라서 필자 부부의 신혼집 전세금으로 들어갈 돈을 최소한만 남기고 남은 돈을 유망한 곳에 투자하면, 우리는 반드시 성공할 수 있다고 아내를 설득했습니다.

그렇게 해서 아내의 승낙을 받아낸 필자는 결혼자금으로 마련된 1억 원대의 투자금을 들고 고향인 인천시에 찾아갔습니다. 서울시와 바로 경계를 맞대고 있었던 계양구 지역에 주목했기 때문입니다. 그중 자동차로 5분 남짓만 달려가면 "어서 오십시오. 여기부터 서울특별시입니다"라는 표지판을 볼 수 있을 만큼 서울 접근성이 뛰어났지만, 오래된 빌라촌으로 겉모습은 볼품없었던 한 동네를 눈여겨보았습니다. 서울시와 경기도 사람은 물론이고, 인천시 사람들까지도 이 동네에 대해 아는 사람이 극히 드물 만큼, 시장의 관심과 주목도는 최악이었습니다.

아내와 연애하기 전부터 이 동네를 주제로 공부해두고 있었던 필자는 투자금과 대출금을 최대한 '영끌'해서 이 동네의 빌라를 최대한으로 사들였습니다. 그리고 월세를 받아 신혼집의 전세자금대출 이자도 내고, 월급쟁이로서 만들기 힘든 과외 수입도 벌어들이는 성과를 거두기 시작했습니다. 여기에 필자는 경매를 공부해서 두 사람의 월급과 보너스를 저축한 돈으로 인천 시내의 아파트 2채를 낙찰받아 추가로 소유했고, 경기도 고양시에는 내 집을 마련하게 되었습니다. 문재인 정부의 부동산 및 대출 규제가 한층 강화되기 전에 있는 힘껏 부동산을 매집해놓은 것입니다.

그렇게 조그만 신혼집이지만 알콩달콩 살아가던 필자 부부에게 엄청난 소식들이 잇달아 전해져 옵니다. 필자가 투자한 인천시 계양구의 그 동네가 국가에서 지정하는 3기 신도시인 '계양신도시' 예정지로 결정된 것입니다. 인천시에 거주하는 사람들도 잘 모르는 동네였던 그곳은 순식간에 언론의 스포트라이트를 받게 됩니다.

서울시와 경기도 등 외지에서 뒤늦게 찾아오는 투자자들로 그 동네는 문전성시를 이루게 되었고, 필자가 투자해둔 빌라들의 시세는 본격적으로 오르기 시작했습니다. 여기에 필자가 경매로 낙찰받은 2곳의 아파트 앞에는 서울로 연결되는 광역철도 계획이 잇달아 확정(GTX-B, 대장홍대선, 박촌역~김포공항역 S-BRT, 최근에는 경인선 전철 지하화)되었습니다. 경기도 고양시의 집 앞에도 3기 신도시(창릉신도시)와 지역재개발(원당뉴타운), 서울 경전철 서부선 연장선(고양은평선)이 차례대로 지어지기로 결정되었습니다. 아니나 다를까 처음 매수할 때의 가격이 무색할 만큼 투자한 지역의 시세는 무섭게 올라갔습니다.

정신을 차리고 눈을 떠 보니, 필자는 어느새 30대 초반의 나이로 다주택자에 국가에서 '달랑 98만 명'뿐이라던 종합부동산세 대상자가 되어 있었습니다. 20대 대학생 시절 100만 원, 결혼할 무렵 1억 원대에서 시작한 자산의 규모는 어느덧 20억 원대를 찍게 되었습니다. 순자산도 10억 원이 훌쩍 넘었습니다. 필자도 솔직히 얼떨떨했습니다. 학창시절 공부는 열심히 했지만, 금융과 투자에 대해서는 문외한이었던 아내도 이런 결과에 정신을 차리지 못했습니다. 결혼할 무렵 필자 부부가 닥친 상황에 낙담하지 않고, 과감한 자세로 투자에 뛰어든 결과였습니다. 결혼할 당시만 해도 필자의 호언장담에 코웃음을 쳤던 아내는 지금 필자의 가장 열렬한 지지자가 되어주었습니다. 참 고마운 일입니다.

# 좋은 대출,
# 활용하지 못하는 사람이 바보다

필자가 원고를 집필하는 동안 기사를 접하게 되었습니다. 평소 관심 있게 지켜본 배우 류준열 씨에 대한 소식이었습니다. 뜻밖에도 본업인 연기가 아니라 다른 부분에 관한 이야기였습니다. 바로 서울 강남권의 노른자위 땅에 자리한 건물을 사고팔아 40억 원이 넘는 시세차익을 챙겼다는 소식이었습니다.

열심히 사실관계를 체크하며 알아본 결과, 사정은 이렇습니다. 류 씨는 지난 2020년 서울시 강남구 역삼동의 83평짜리 땅을 58억 원에 샀습니다. 이 땅에 지어진 단층 건물을 허물고 24억 원에 지하 2층, 지상 7층짜리 건물을 새로 짓는 공사를 벌입니다. 류 씨가 이 땅에 자신의 새 건물을 올리는 데 드는 비용은 82억 원 정도였던 셈입니다.

류 씨는 이 건물이 완공되자 바로 부동산 시장에 매물로 내놓았고,

150억 원에 매도계약을 체결하며 세전 60억 원, 세후 40억 원이 넘는 시세차익을 올렸다는 소식이었습니다. 필자는 류 씨가 2년 남짓한 시간에 앉은 자리에서 40억 원을 '꿀꺽'했다는 소식에 많은 사람이 분노의 댓글을 올린 모습을 보았습니다.

---

### 류준열, 강남 빌딩 매각 후 40억 차익 벌었다

배우 류준열이 부동산 매각을 통해 약 40억 원의 시세차익을 보게 됐다. 24일 부동산 업계에 따르면 류준열은 서울 강남구 역삼동에 꼬마빌딩을 지어 최소 40억 원 이상 수익을 거뒀다.

지난 2018년 류준열의 모친 김 모 씨가 대표인 개인법인 딥브리딩을 설립했고 해당 명의로 2020년 83평 규모 땅을 58억 원에 샀다. 당시 은행에서 매매가의 90%인 52억 원을 대출받았다. 이후 지하 2층, 지상 7층의 건물을 짓는 과정에서 신축 자금 명목으로 약 17억 원을 또다시 대출받게 됐다는 사실이 함께 전해졌다. 해당 건물은 부동산 투자 2년 만인 올해 원금의 2배 이상인 150억 원에 팔렸다. 시세차익은 약 세후 40억 원으로 추정된다.

오은선 기자, 〈한국일보〉, 2022. 2. 24

---

뉴스에서 지적하고 사람들이 분노한 포인트는 2가지였습니다. 첫 번째는 '부동산 투기' 논란이었습니다. 당시는 서울시 부동산이 상승에 상

승을 거듭하며 '일해서 번 돈 가지고는 이제 서울에 내 집 한 칸 마련하기도 힘들다'라는 패배감과 상실감이 사회를 가득 드리우던 시기였습니다. 평범한 사람들의 마음이 그러한데, 자타가 공인하는 '스타 연예인'이라는 류 씨는 자신이 그동안 대중의 사랑을 받아 벌어들인 돈을 가지고 쉽게 강남 빌딩에 접근해서 비교적 단기간에 큰돈을 챙겼으니 '부동산 투기'가 아니냐는 것이었습니다.

두 번째는 류 씨가 이 과정에서 투입한 자신의 돈이 기껏해야 13억 원 남짓이라는 것입니다. 언론에서 등기부등본을 통해 파악한 것에 따르면, 류 씨가 처음 매수한 건물의 채권최고액은 62억 원 정도입니다. 보통 대출액의 120% 선에서 채권최고액을 설정하는 것을 감안하면, 류 씨가 이 땅을 매수하며 받은 대출액의 규모는 매매가의 90%인 52억 원 선으로 추정됩니다. 자기 돈 6억 원에 52억 원의 대출을 조달해 건물을 샀습니다. 여기에 건물 신축비 24억 원 중 17억 원을 대출로 조달했습니다. 역삼동 땅에 새 건물이 올라가기까지 들어간 82억 원 중 은행 돈은 무려 69억 원에 달합니다. 대다수 사람은 이것이 '스타 연예인에게만 주어지는 대출 특혜'라며 화를 냈습니다.

하지만 필자는 류 씨의 이야기를 읽고 그 자리에서 박수를 쳤습니다. 물론 류 씨의 과거 행적을 생각하면 그의 이번 소식은 사람들에게 비판을 받을 여지가 충분히 있습니다. 류 씨는 과거 인터뷰에서 "재테크에는 관심이 없다"라거나 "아직은 연기하고 관객을 만나는 부분에 더 집중하고 싶다"라는 발언을 한 적이 있습니다. 배우의 활동에 관심을 가지고 지켜본 입장에서는 조금 아쉬운 것도 사실입니다. 어쨌든 그의 이번 소식이 평범한 일상을 살아가는 다수의 대중을 실망하게 한 것은 사실이기 때문입니다.

그러나 류 씨의 투자 행위는 부동산 투자자로서 충분히 시도해볼 법한 똑똑한 투자였습니다. 뒤에서도 다루겠지만, 현명한 투자는 자신의 자본을 최소화하고 수익률을 극대화하는 '레버리지 투자'에 있습니다. 중간에 펑크가 나지 않도록 자금계획을 철저히 세우고, 향후 원리금 상환 부담을 감당하며 수익도 낼 수 있는 투자라면 마다할 이유가 없지 않을까요?

어떤 사람들은 "내가 아파트 살 때는 집값의 50% 대출받기도 힘든데, 연예인이 뭐라고 건물가격의 90%나 대출을 받냐?"라고 화를 냈지만, 이는 모르고 하는 이야기입니다.

류 씨는 '딥브리딩'이라는 개인법인을 실립했고, 법인의 명의로 금융권에서 대출을 받았습니다. 대개 개인이 직접 받는 주택담보대출과는 달리, 법인 명의 대출은 프로젝트 파이낸싱(PF) 등 경로도 다양하고 대출 가능 금액과 조건도 천차만별입니다.

빌려주는 쪽에서도 류 씨가 세운 법인이 대출을 감당할 수 있는 수익 창출 능력을 갖췄는지 다각도로 평가하고 대출을 실행했을 것입니다. 빌려준 돈을 떼이는 것은 어느 은행과 금융기관을 막론하고 가장 싫어하는 리스크입니다. 단순히 류 씨가 스타 연예인이라고 해서 '특혜'를 받느냐고 의심하는 것은 타당하지 않습니다. 류 씨는 그냥 자신이 활용할 수 있는 최상의 대출조건을 잘 활용한 것뿐입니다. 자신에게 가능한 좋은 대출이 있는데, 그것을 나 몰라라 하는 것이 어리석은 것 아닐까요? 필자는 그렇게 생각합니다.

필자는 이 글을 읽는 독자분들도 이런 대출에 많은 관심을 가졌으면 좋겠습니다. 다만 은행이나 이런 대출을 잘 활용하는 투자자들이 섣불리 알려주지 않는 것뿐입니다.

[전월세 전환율]
## 금리 인상기, 전세보다 월세가 유리할까?

금융 시장이 코로나19가 불러온 대규모의 양적완화 시기를 벗어나 금리 인상, 또는 양적 축소의 시기로 전환되고 있는 듯합니다. 미국 연방준비제도이사회(FED)가 기준금리 인상을 단행한 것은 물론, 우리나라의 중앙은행인 한국은행에서도 이미 기준금리를 2.25%로 인상한 상태입니다. 골드만삭스와 JP모건 등 세계적인 투자 금융사들은 2023년 말 기준, 우리나라의 기준금리가 3%를 넘어설 것이라고 앞다투어 예측하고 있는데요.

금리 인상기에 가장 눈에 띄는 특징은 대출을 이미 받아두고 있는 차주들에게 불리하다는 점입니다. 고정금리를 적용한 차주들은 그나마 영향이 별로 없지만, 변동금리를 적용해 대출을 받은 차주들의 경우에는 금리 인상기가 되면 대출금리 역시 기준금리에 연동해 올라가므로 매달 부담하는 원리금 상환금액이 커지는 것입니다.

무엇보다 금리 인상기에 눈에 띄는 특징은 전세 물건이 줄어들고, 월세 물건이 늘어난다는 것입니다. 당연한 이야기지만 임대를 놓는 임대인(집주인) 입장에서는 금리가 올라갈 때 월세를 받는 것이 전세보다 유리하기 때문에 전세보다는 월세를 놓고자 합니다. 집주인들이 이렇게 판단하는 근거는 무엇일까요?

우리는 여기서 전월세 전환율이라는 지표를 눈여겨볼 필요가 있습니다. 전월세 전환율이란, 말 그대로 전세 계약을 월세로, 월세 계약을 전세로 전환할 때 적용되는 적정 비율을 뜻합니다. 가장 최근에 발표된 2021년 11월 자료 기준, 전국의 전월세 전환율은 5.6% 정도입니다. 예를 들어 전세금 3억 원에 거주하던 임차인(세입자)이 임대인(집주인)의 요구로 보증금 2,000만 원의 월세 계약으로 전환하는 상황을 가정해봅시다. 이 세입자는 전세금 3억 원 중 2억 8,000만 원을 임대인에게 돌려받지만, 대신 매달 임대료를 한 푼도 내지 않다가 한 달에 131만 원 정도의 월세를 항상 내야 합니다.

---

**전월세 전환율** = {(월세×12개월)÷(원래 보증금-바뀐 보증금)}×100

**전세 → 월세 전환 시 내야 하는 월세** = (기존 보증금-바뀐 보증금)

      ×전월세 전환율÷12개월

**월세 → 전세 전환 시 맡겨야 하는 전세보증금** = (월세×12개월)

      ÷전월세 전환율

---

전월세 전환율과 전세, 월세를 전환할 때 발생하는 월세, 보증금의 액수를 계산하는 방법

다르게 계산해봅시다. 만약 전세금 3억 원에 거주하던 임차인이 임대인에게 보증금 2,000만 원에 월세 150만 원을 내는 월세 계약으로 전환하자는 요구를 받을 경우 전월세 전환율은 어떻게 될까요? 앞에 나온 공식대로 계산하면, 1년분(1,800만 원) 월세를 전세에서 월세로 전환하며 줄어든 보증금(2억 8,000만 원)으로 나눈 후 100을 곱하면 됩니다. 이 경우 전월세 전환율은 약 6.4%가 나오네요.

또 다르게 계산해봅시다. 만약 보증금 2,000만 원, 월세 120만 원에 살던 세입자가 임대인에게 전세 계약으로 전환하자는 요구를 받았을 때 적정 전세가는 얼마일까요? 이는 월세의 1년분(1,440만 원)을 전월세 전환율(5.6%)로 나누면, 약 2억 6,000만 원 정도라는 계산이 나옵니다.

사실 전월세 전환율이라는 용어는 없는 말입니다. 주택임대차보호법에 규정된 정식 용어는 '월차임 전환 시 산정률'인데요. 주택임대차보호법 제7조의 2에 보면, 전세보증금의 전부 또는 일부를 월 단위의 차임으로 전환하는 경우는 그 전환되는 금액에 10%(1항)와 기준금리+2%(2항) 중 낮은 비율을 곱한 범위를 초과할 수 없다고 규정되어 있습니다. 현재 한국은행 기준금리가 1.25%이므로 정부가 정한 공식적 전월세 전환율은 3.25%라고 할 수 있습니다.

문제는 이렇게 법에 나와 있는 법정 전월세 전환율이 실제 시장에서는 제대로 지켜지지 않는다는 것입니다. 해당 법령에서 공식 전월세 전환율을 규정하고만 있을 뿐, 이를 지키지 않았을 때 처벌할 근거조항을 마련해두지 않았기 때문입니다. 그러다 보니 실제로는 지역의 실정에 따라 전월세 전환율이 제각각인 모습을 보입니다. 그런데 통계청이 운영하는 국가통계포털 KOSIS(http://kosis.kr)에 보면, '지역별 전월세 전환율'이라는 이름으로 매달 전월세 전환율을 지역별로 확인할 수 있습니다. 이 자료를 보면 전월세 전환율이 지역마다 다르게 적용되는 모습을 볼 수 있습니다. 현재는 2011년 1월부터 2021년 11월까지 만 10년 정도의 자료를 제공하고 있습니다.

그렇다면 이 전월세 전환율이 임대인과 임차인에게 의미하는 것은 무엇이고, 금리 인상기에는 임대인과 임차인이 어떻게 대처하는 것이 좋을까요?

임대인 입장에서는 임대차 기간에 자신의 기대수익률과 전월세 전환율의 차이를 비교해서 전세와 월세 중 어느 임대차를 놓을지 결정해야 합니다. 임차인이 맡긴 임대보증금을 은행에 예금할 때나 직접 투자할 때(주식, 암호화폐 또는 기타 자산 투자) 거둘 수 있는 수익률이 전월세 전환율보다 높으면, 안정적으로 전세에 맡기는 것이 좋습니다. 반면 임대인의 기대수익률이 전월세 전환율에 미치지 못하면 월세로 돌리는 것이 낫습니다.

예를 들어 인천시 서구에서 전세금 3억 원에 임대용 아파트를 보유 중인 임대인 김창섭 씨가 있다고 합시다. 만약 김창섭 씨가 세입자로부터 받은 3억 원의 보증금을 금리 5%의 이자를 지급하는 은행 예금통장에 예치한다면, 한 달에 125만 원의 수익을 올릴 수 있습니다. 이는 서구의 월세 시세(전월세 전환율 4.1%)를 고려한다면 이득입니다. 시세에 의해, 보증금 2,000만 원에 월세를 받는다면 한 달에 월세 100만 원과 예금이자 8만 원, 총 108만 원을 받는 데 그치기 때문입니다.

그러나 서구의 전월세 전환율이 8%로 올라가 예금수익률 5%를 뛰어넘는다면 어떨까요? 그렇다면 김창섭 씨가 받을 수 있는 월세는 보증금 2,000만 원에 167만 원까지 올라갑니다. 보증금 2,000만 원에 대한 예금이자 8만 원까지 더하면 월세로 돌릴 때 한 달 수익이 175만 원에 달해, 전세로 돌릴 때의 예금이자인 한 달 125만 원을 가볍게 압도하는 것을 볼 수 있습니다. 이렇게 임대인이 낼 수 있는 기대수익률이 전월세 전환율에 못 미칠 때는 과감히 월세로 돌리는 것이 낫습니다.

반면 임차인 입장에서는 전세대출 금리가 전월세 전환율과 비슷하거나 낮을 때는 웬만하면 전세대출을 최대한도까지 받아 전세로 입주하는 것이 더 유리합니다. 그러나 전세대출 금리가 전월세 전환율을 뛰어넘으면, 전세 대신 월세로 입주하는 것이 더 유리합니다. 다음의 표를 보면 알 수 있습니다.

| 시기 | 전월세 전환율 | 한국은행 기준금리 | 코픽스 금리 | 전세대출 금리 (추정) | 전세 시세 (만 원) | 월 전세대출 이자(만 원) | 월세 (만 원) | 전월세 유불리 |
|---|---|---|---|---|---|---|---|---|
| 2019. 9 | 4.08% | 1.50% | 1.52% | 4.5% | 38,500 | 116 | 104 | 월세가 유리 |
| 2020. 5 | 4.03% | 0.50% | 1.20% | 2.8% | 40,000 | 75 | 117 | 전세가 유리 |
| 2021. 1 | 4.00% | 0.50% | 0.90% | 2.5% | 58,500 | 98 | 132 | 전세가 유리 |
| 2021. 9 | 4.32% | 0.75% | 1.02% | 2.8% | 67,200 | 125 | 141 | 전세가 유리 |
| 2021.12 | 4.29% | 1.25% | 1.55% | 4.3% | 60,000 | 172 | 106 | 월세가 유리 |

경기도 안양시 만안구 '석수두산위브' 전용 85㎡(32평) 전월세 유불리 추이
(전세대출 이자는 최대한도까지 대출을 받았을 때 이자, 월세는 보증금 2,000만 원 계약으로 환산)

위의 자료에 나온 단지를 살펴보면 전세대출 금리가 전월세 전환율을 뛰어넘었을 때, 전세대출 이자 부담이 월세 부담을 뛰어넘는 것을 알 수 있습니다. 반면 저금리 추세가 지속되어 전세대출 금리가 전월세 전환율보다 낮을 때는 전세대출 이자를 부담하는 편이 월세를 내는 것보다 훨씬 이득임을 알 수 있습니다. 당장 내 집이 없는 무주택 세입자라면 이 차이를 분명히 이해해서 입주와 자금 마련 계획에 반영해야 합니다.

마지막으로, 요즘 같은 시기에 전세 물건의 숫자가 감소하고 월세가 늘어나는 이유는 무엇일까요? 보통 많은 임대인은 세입자에게 받은 보증금을 은행에 예치하는 경우가 많습니다. 어차피 2년 또는 4년이 지나 만기가 되면 돌려줘야 할 돈이기 때문에, 이를 가지고 주식이나 암호화폐 같은 위험자산에 투자할 '간 큰' 임대인은 많지 않습니다. 따라서 상대적으로 전월세 전환율과 금리가 모두 낮을 때는 은행의 예금이자가

월세 수입보다 높은 현상이 발생합니다. 이때 임대인은 월세보다는 전세로 돌리는 것이 이득입니다. 그러나 금리와 전월세 전환율이 모두 올라갈 때는 은행의 예금이자보다 월세 수입이 더 높아지므로 집주인은 전세보다는 월세로 돌리는 것이 더 유리해지는 것입니다. 따라서 요즘 임대차 시장에는 전세 물건이 크게 줄어들고 월세 물건이 늘어날 수밖에 없습니다.

CHAPTER 2

# 좋은 대출의 왕도를 향한
# 준비 운동

# 경기의 룰을
# 빨리 파악하라

우리가 대출이라는 전쟁터에 뛰어들기에 앞서 가장 먼저 해야 할 것은 당연하지만 경기의 룰을 먼저 파악하는 것입니다. 평소 여러 독자분과 선생님들께 상담해드릴 때마다 느낀 것은 이 룰을 모르고 대출 전쟁에 뛰어드는 분들이 너무나 많다는 것이었습니다.

대출이라는 경기의 룰을 파악할 때 고려할 것은 많이 있지만, 저는 크게 '담보'와 '금리', '대출 한도'와 '만기', '상환 방법' 등 5가지라고 생각합니다.

담보 이야기부터 해보겠습니다. 은행이 생전 처음 보는 여러분에게 멋모르고 돈을 빌려줄 수는 없기에, 은행에서는 대출을 실행하기 전 '담보'를 설정해 여러분의 신원 보증을 요구합니다. "네가 빌린 돈을 제때 갚지 않으면, 나는 너한테서 이것을 가져갈 거야"라고 하는 것이 바로 담보입니다.

영국의 대문호 셰익스피어(William Shakespeare)의 명작 <베니스의 상인>에서 유대인 고리대금업자 샤일록이 요구한 '심장에서 가까운 곳의 살점 1파운드'도 금융기관이 설정하는 담보(인적담보)에 해당합니다. 물론 이것을 요구하는 금융기관은 없지만, 독자분은 대신 지금 가진 부동산과 동산(자가용 등), 예적금 계좌, 신용도, 사업자등록증 등 다양한 담보를 설정해 은행에서 돈을 빌릴 수 있습니다. 당연한 이야기지만 은행은 각 담보의 가치를 다르게 보고 있고, 그만큼 은행이 내줄 수 있는 대출의 규모도 천차만별이니 내가 제공할 담보를 잘 따져보고 결정해야 합니다.

금리도 중요합니다. 사실 독자분들이 가장 중요하게 생각하는 룰이지요. 금리는 가장 쉽게 말하면 돈에 붙는 이자를 의미합니다. 왜 이자를 붙이는 걸까요? 쉬운 예를 들어봅시다.

만약 독자분이 가진 통장에서 3,000만 원이라는 돈을 빼내어 급전이 필요한 친구에게 빌려주는 상황을 생각해보겠습니다. 그 이야기는 독자분이 3,000만 원으로 할 수 있는 것(명품이나 차량 구입, 투자, 기부, 아니면 그냥 '플렉스' 등)을 포기한다는 것을 의미합니다.

내가 통장에 남은 돈이 워낙 많거나 해서 이것이 그다지 아깝지 않다면 친구에게 아무런 대가를 받지 않아도 됩니다. 그러나 이것이 너무 아깝게 느껴진다면 어느 정도의 대가를 받아내 이득을 취해야 합니다. 이

과정에서 발생한 개념이 '이자'입니다. 그래서 누군가는 이자를 돈의 '사용료'로 말하기도 합니다. 그 이자가 원금과 비교해 차지하는 비율이 바로 '금리'가 되는 것입니다.

금리는 크게 '기준금리'와 '가산금리'로 나뉩니다. 기준금리는 중앙은행인 한국은행에서만 정할 수 있는 룰로써, 국가와 중앙은행의 정책적 필요에 따라 설정하는 것을 말합니다. 금리는 대출을 시행하는 금융사마다 너무나 다양하기 때문에, 이런 금리들 사이에 중심을 잡아주고 그때그때 정세를 신속하게 반영해 나라 전체를 대표하도록 하는 금리를 말합니다.

가산금리는 은행마다 대출을 통해 수익을 창출할 목적으로 일정한 기준에 따라 설정하는 금리를 말합니다. 너무나 여러 가지의 종류가 있지만, 흔히 사용되는 코픽스(COFIX) 금리는 자금조달 비용지수라고 해서 은행이 어떤 돈을 모을 때 드는 비용을 지수화한 것을 말합니다. 이를 위해 우리나라의 시중 8대 은행이 고객들로부터 돈을 받는 수신상품의 금리를 상품별 가중치에 따라 평균(가중평균)을 내서 설정했습니다. 종류로는 신규취급액 기준 코픽스와 잔액 기준 코픽스로 나눌 수 있습니다. 바로 이번 달에 취급한 따끈따끈한 자금의 금리가 계산되는 신규취급액 기준 코픽스는 금리 변동 폭이 큽니다. 지금까지 취급한 자금의 금리를 모두 계산하는 잔액 기준 코픽스는 변동 폭이 비교적 작은 것이 특징입니다. 그러다 보니 요즘처럼 기준금리 인상이 가시화되는 시기에는 가입할 때, 금리의 변동 폭이 작은 잔액 기준 코픽스금리를 선택하는 것이 유리합니다(반대로 그러므로 은행들은 될 수 있는 대로 피하려고 하는 금리 방식이기도 합니다). 이 외에 은행 간 단기대출의 기준으로 삼는 콜 또는 리보 금리, 국가와 기업이 발행하는 국고채와 회사채를 기준으로 삼는 금리 등도 있습니다.

대출 한도는 내가 은행에서 제공받을 수 있는 대출금의 최대 금액을 말합니다. 은행은 자신들이 빌려준 돈을 떼이는 것을 가장 싫어합니다. 그래서 은행이 가장 신중하게 정하는 것이 대출 한도입니다. 차주(대출을 받는 사람)의 상환능력에 맞는 만큼의 대출을 해줘야 나중에 대출금을 떼여 부실은행으로 전락하는 불상사를 피할 수 있겠지요? 대출 한도를 정하는 방법은 여러 가지가 있는데, 차주의 신용도와 소득수준을 비롯해 가진 자산과 사업의 내용 등 매우 다양합니다.

만기는 대출을 모두 갚기로 정한 기한을 뜻합니다. 이때까지는 무슨 일이 있어도 은행에서 받은 대출을 모두 상환해야 합니다. 그래야 작게는 내 신용도와 크게는 내 재산에 타격이 가지 않습니다. 은행 대출은 어렸을 때 친구에게 잠시 빌리는 몇천, 몇만 원 수준이 아니라 최소 몇백~몇천만 원에서 몇억~몇십억 원에 달합니다. 월급쟁이의 몇 달 치, 몇 년 치 봉급은 가볍게 뛰어넘는 수준입니다. 그러다 보니 은행 대출을 받고서 얼마 되지 않아 바로 갚을 수 있는 사람은 세상에 거의 존재하지 않기에, 은행과 차주는 서로 감당 가능한 선에서 만기를 정합니다.

국내에서는 1금융권을 기준으로 짧게는 1년에서 길게는 40년까지 다양한 만기의 대출상품이 있으므로 내 상황에 맞게 활용할 필요가 있습니다. 만기도 내 한 달 원리금을 결정하는 중요한 요소이기 때문입니다. 만기까지 대출을 갚지 않으면 은행은 자산 가압류와 법원 경매 등을 통해 내가 담보로 잡은 자산을 처분 또는 가치를 폭락(신용도 등)시키고 대출을 강제로 회수하게 되니 무섭지요. 물론 실제로는 대출 재약정과 재대출 등의 방법을 사용해서 만기를 연장할 수 있는 수단들을 은행에서 마련해놓고 있으니, 이것 역시 잘 활용할 필요가 있습니다.

상환 방법은 은행과 내가 빚을 어떻게 갚기로 약속했는지를 의미합니다. 어떤 대출상품은 차주가 목돈을 모아 대출금을 갚기를 기다리며 이자만 받다가 만기에 한꺼번에 갚기도 합니다(만기일시상환). 어떤 상품은 처음에는 이자만 받다가 목돈이 어느 정도 모인 순간부터 원금과 이자를 함께 갚을 수 있도록 유도하기도 합니다(거치 후 원리금균등상환). 또 어떤 상품은 만기까지 대출 기간 내내 원금은 같은 액수로 갚다가, 시간이 갈수록 원금의 액수가 줄면서 이자의 액수도 함께 줄어드는 구조를 짠 경우도 있습니다(원금균등상환). 이런 상환 방법의 차이와 유불리를 잘 모르거나 무시하고, '영끌'이라고 해서 무작정 최대한의 대출을 받는 독자분들이 있으므로, 주의할 필요가 있습니다.

# 대출 전쟁에 뛰어드는 나,
# 가진 무기는 무엇인가?

　한편 대출이라는 전쟁의 룰을 큰 틀에서 파악했다면 이번에는 나의 상황을 냉정하게 판단해보도록 합시다.

　대출을 실행하는 데 필요한 정보는 주로 다음과 같습니다. 내가 돈을 필요로 하는 이유가 무엇인지, 내가 가진 자산은 얼마이며, 동원할 수 있는 자금(대출 한도, 상품 등)의 규모는 얼마일지, 내가 노리는 내출상품을 이용할 자격이 되는지, 어느 은행에서 내가 노리는 대출상품을 취급하는지, 그리고 요즘 중요하게 이야기되는 LTV와 DTI, DSR 등의 지표에 내가 걸리지는 않는지, 마지막으로 가장 중요한 내가 대출 원리금을 끝까지 상환할 능력과 계획이 있는지 등을 살펴볼 필요가 있습니다. 이것 말고도 제가 모르는 것들이 더 있겠지만, 일단 여기까지만 이야기를 해보도록 합시다.

먼저 내가 돈을 필요로 하는 이유가 무엇인지 살펴봅시다. 마음 같아선 은행이 내가 원하는 돈을 한 10억 원쯤 영원히 무이자로 그냥 넘겨줬으면 좋겠지만, 은행은 절대 호락호락하지 않습니다. 좀 나쁘게 말하면 자기들이 쌓아둔 돈을 떼이지 않고, 한 푼이라도 더 버는 데 혈안이 되어 있는 곳입니다. 이런 곳을 상대로 내가 원하는 만큼의 돈을 만족스럽게 융통해내려면, 먼저 내가 돈이 필요한 이유를 명확하게 구분해내고 은행에 어필할 수 있어야 합니다. "내가 일단 월세보증금이 가장 필요한데, 이왕 생활비랑 여유자금도 더 꾸어 올 수 있으면 좋지, 뭐…" 이런 식으로 안일하게 생각하지 말자는 것입니다.

당연한 이야기겠지만 단순 생활자금을 빌리느냐, 임차보증금을 빌리느냐, 아예 주택을 구입할 자금을 빌리느냐, 사업자금을 빌리느냐에 따라 대출을 받는 방법은 무궁무진하게 달라집니다. 대출을 관리하고 상환하는 방법도 달라지고요.

그다음에는 내가 가진 자산을 확인해봅시다. 내가 가진 자산을 크게 구분을 짓자면 총자산과 총자산에서 부채를 제외한 순자산이 있겠습니다. 그리고 순자산에서도 당장 또는 이른 시일 내에 현금화가 가능한 유동자산이 있고, 정해진 때에나 간신히 뺄 수 있는 비유동자산이 있습니다. 이것을 구분해 자산을 정리해볼 줄 알아야 내가 원하는 때에 동원할 수 있는 자산의 규모를 정확히 계산해낼 수 있습니다.

그러면 순자산 중 유동자산과 비유동자산에는 어떤 것들이 있는지 따져볼까요? 사실 이것도 상대적인 개념이라 정답은 없지만, 제 나름대로 구분을 지어보겠습니다. 일주일 내에 내가 손에 쥘 수 있는 돈일 경우 유동자산, 그렇지 못한 경우 비유동자산에 넣어보도록 하겠습니다.

가장 대표적인 유동자산은 지금 내 지갑에 꽂혀 있는 천 원과 만 원짜리 몇 장일 것입니다. 이미 현금화가 되어 있어서 지갑에서 빼내기만 하면 활용이 가능하니까요. 내 예적금 계좌에 들어 있는 돈도 체크카드를 긁거나 스마트폰, 은행 ATM 등을 사용하면 내가 원하는 때 곧바로 현금화해 사용할 수 있으니 유동성 자산의 범주에 넣겠습니다.

주식도 수익의 여부에 상관없이 매도계약이 체결된 지 영업일 기준 3일 정도라면, 현금화가 가능하니 유동자산에 포함해보지요. 그리고 보니 요즘에는 외국환(외환) 자산을 가진 분들도 많고 암호화폐에도 투자하는 분들이 많지요.

그 외에 ETF(상장지수펀드)나 ELS(주가연계증권) 등의 다양한 금융파생상품들도 비교적 빠른 현금화가 가능하니 유동자산의 범주에 넣겠습니다. 실제로 집을 살 때 이런 식으로 내가 가진 현금과 통장, 주식, 코인 등의 계좌를 있는 대로 깨서 집값에 보태는 분들이 많으시지요. 그 이상으로는 제 지식이 부족하니 그만 이야기하도록 하겠습니다.

가장 대표적인 비유동자산은 우리가 사는 집의 소유권 또는 임대차권이 되겠습니다. 우리 집의 소유권이나 임대차권을 타인에게 매도 또는 양도할 경우 또 다른 대안이 없는 한 우리는 길거리에 나앉기 때문에 웬만해선 가장 늦게 처분하는 자산이 집입니다. 그 외에 내가 투자용으로 들고 있는 부동산도 쉽게 매도 또는 양도를 하기 어려우므로 비유동자산의 범주에 넣겠습니다. 그 외에 자가용이나 갖가지 가재도구처럼 값도 제법 나가고 한번 처분하면 우리에게 큰 불편을 가져다주기 때문에 쉽게는 팔지 않는 자산(동산)들도 비유동자산의 범주에 넣겠습니다.

다만 내가 동원 가능한 자산을 계산하는 데 이런 동산들은 실제로 큰 도움이 되지 않기 때문에 자산의 범주에서 제외하기도 합니다. 그 외에 교사 중에는 소유한 경우가 적지만 본인이 소유한 저작권이나 특허권, 영업권들도 대표적인 비유동자산에 들어갑니다. 변액보험이나 연금저축 등 중간에 해약하면 사업비와 위약금 등으로 적지 않은 손실을 보기 때문에, 쉽게 처분하기 힘든 일부 금융상품들도 비유동자산의 틀 안에 넣어보겠습니다.

내가 노리는 대출상품을 이용할 자격이 있는지도 명확하게 따져봐야 합니다. 현실적으로 교사인 필자가 전문직이나 소상공인 대상 대출상품을 이용할 수는 없듯이, 내가 원하는 대출상품을 나도 활용할 자격이 되는지 알아봐야 나중에 멘붕이 오질 않습니다.

대표적인 예가 '서민', '실수요자'를 대상으로 제공하는 대출상품들입니다. 사실 '서민'이나 '실수요자' 모두 상대적인 개념으로서, 귀에 걸면 귀걸이, 코에 걸면 코걸이 같은 표현이기에 대출을 받는 사람으로서는 혼동이 올 수밖에 없습니다. 저처럼 교사라면, "공무원 나부랭이인 내 월급이 얼마나 박봉인데…. 아무리 벌어도 한 달 살기 빠듯하니 당연히 서민이지", "남들은 10억 원이 넘는 아파트도 한 채쯤 다 가지고 있던 데, 하나뿐인 우리 집은 5억 원밖에 안 하니 나도 서민 아니야?", "나 이 집 사면 2년만 전세로 줬다가 그다음에는 꼭 들어가서 살 거야. 그러니 실수요자지" 이렇게 막연하게 생각하는 분들이 의외로 많습니다.

그러나 대출의 룰을 정하고 운영하는 금융당국과 은행이 바보가 아 닙니다. 이들은 '서민', '실수요자'라는 타이틀에 혹해 대출 판에 뛰어 드는 사람들을 걸러내기 위해 명확한 기준을 정해놓고 있습니다. 이들 이 보는 서민의 조건은 다음과 같습니다. '5억 원(조정대상지역 이하) 또는 6 억 원(투기지역, 투기과열지구) 이하의 주택을 한 채만 가지고 있으면서, 부부 합산 연소득이 8,000만 원 이하(생애최초주택 구입자는 9,000만 원까지)인 사람 들'. 이런 사람들만 서민으로 인정받습니다.

대표적인 정책대출인 디딤돌대출은 서민의 기준을 더 빡빡하게 두고 있습니다. '부부합산 소득은 연 6,000만 원 이하이면서(2자녀 이상 또는 신 혼부부는 7,000만 원까지), 순자산가액이 3.91억 원 이하인 사람들'이 서민입 니다.

보통 이 조건을 모두 만족해야 서민이므로, 프롤로그에 등장한 김민 지 선생님은 어떨 때는 서민이지만, 한편으로는 서민으로 인정을 받지 못할 때도 있습니다. 무슨 말이냐면, 결혼하지 않은 미혼자라면 연소득 이 4,679만 원으로서 서민으로 인정받지만, 남자친구 이지훈 선생님과 결혼하는 순간, 서민의 범주에서 빠지게 됩니다. 결혼하고 혼인신고까지 마쳐 두 사람의 연소득을 합산하는 순간 9,358만 원으로 껑충 뛰기 때문입니다.

생애최초주택 구입자 혜택을 적용하더라도 기준선을 넘어서게 됩니다. 한때 유행했던 "부부 교사는 걸어 다니는 중소기업"이라는 우스개를 금융당국과 은행이 확인시켜주고 있으니 참 씁쓸할 따름입니다. 그래서 어떤 선생님들께서는 배우자와의 혼인신고를 미루고 '솔로' 신분으로 대출 판에 뛰어드는 분들도 계십니다. 충분히 가능한 선택입니다.

실수요자의 요건은 명확합니다. '무주택자'여야 합니다. 대출을 받을 사람을 의미하는 채무자 또는 담보제공자가 속해 있는 주민등록등본을 기준으로, '세대원 모두가 주택 또는 주택을 취득할 권리(분양권, 입주권, 재개발지분 등)를 아예 가지고 있지 않아야', 그리고 '물건지에 실제로 전입해서(보통 이 경우 전입 기한을 둡니다) 거주해야' 실수요자로 인정받을 수 있습니다.

LTV(담보인정비율)나 DTI(총부채상환비율), DSR(총부채원리금상환비율) 같은 대표적 지표들에 맞춰 내 상황을 분석해보는 것도 필요합니다. LTV는 주택가격 대비 소재 지역의 대출 한도이므로, 내가 원하는 주택을 구입하는 데 얼마까지 대출을 받을 수 있는지 알아보는 지표입니다.

예를 들어 내가 조정대상지역인 인천시 계양구의 4억 원짜리 아파트를 구입한다고 가정하겠습니다. 조정지역에서는 50%의 LTV를 적용하므로, 최대 2억 원까지의 대출이 가능합니다. 한편 투기과열지구인 경기도 성남시의 8억 원짜리 아파트를 구입한다면? LTV 40%를 적용해서 최대 3억 2,000만 원까지 대출할 수 있습니다.

좀 더 난도를 높여서, 투기과열지구인 경기도 광명시의 14억 원짜리 아파트를 구입한다고 합시다. 투기과열지구의 매매가 9억 원 이상 주택은 9억 원 이내에서는 40%, 9억 원을 초과하는 분량만큼은 20%의 대출 한도를 적용하므로, 9억 원 이내의 40%인 3억 6,000만 원과 9억 원 초과분 5억 원의 20%인 1억 원을 더해 총 4억 6,000원까지만 대출을 받을 수 있습니다.

마지막으로 투기지역인 서울시 강서구 마곡지구의 17억 원짜리 아파트를 구입한다고 해봅시다. 규제지역의 매매가 15억 원 이상 주택은 아예 대출이 되지 않습니다. 전액 내 돈으로 구입해야 합니다(단, 2022년 12월 1일부터 무주택자 혹은 1주택자(처분조건부)에 한해 LTV 50% 적용이 가능해짐).

DTI나 DSR은 소득 대비 대출 규모의 비율을 나타내는 지표로, 내 소득으로 얼마의 대출을 감당할 수 있는지 알아보는 지표입니다. 요즘에는 사실상 유명무실해진 DTI는 넘어가고 DSR에 대해서만 이야기해보면, 그전까지 받고 있었던 대출 원리금 상환액에 새로 신청하려는 대출 원리금 상환액을 더하고, 이를 대출받는 사람의 소득으로 나눈 지표가 DSR입니다.

예를 들어 프롤로그에 등장한 김민지 선생님의 증빙 가능 연소득이 5,000만 원인데, 지금까지는 대출이 없다가 3.2% 금리의 5년 만기, 원리금균등상환방식 신용대출을 4,000만 원 받으려고 신청한다면 DSR은 18.34%가 됩니다. 이 경우 김민지 선생님이 매년 상환하는 원금이 800만 원, 이자는 117만 원 정도 되는데, 이를 더한 917만 원을 김민지 선생님의 연봉 5,000만 원으로 나누면 18.34%가 나오는 것입니다. 만약 여기에 3.2% 금리의 30년 만기 주택담보대출 2억 원을 추가로 받으려고 한다면, 매년 상환하는 원금이 404만 원, 이자가 634만 원 추가되어 DSR이 39.1%까지 오르게 됩니다.

고등학교 시절 수능 때에도 수리영역 성적 때문에 원하는 대학을 못 간 저는 이런 것들을 직접 계산을 해보자니, 은행의 수학 머리 좋은 분들이 고안해낸 공식을 감당해낼 자신이 없어 스마트폰 앱스토어에 나와 있는 여러 금융계산기 앱을 사용하고 있습니다. 혹시나 내가 숫자 감각이 뛰어나서 수능 때 수리영역 만점도 받아보고 수학 공포증이 없는 분들이라고 하더라도, 은행에 가서 멘붕을 맛보기 전에 더욱 정확한 결과를 산출하기 위해 금융계산기 프로그램이나 앱을 미리 사용해보실 것을 적극적으로 권해드립니다.

마지막으로는 내가 대출을 상환할 능력이 되는지 알아볼 필요가 있습니다. 아무래도 독자분들 중 대부분을 차지할, 월급쟁이인 우리가 대출을 상환하는 방법은 대체로 평소에 받는 월급이 될 텐데요. 가장 꾸준하면서도 확실하고, 무엇보다 금융당국과 은행에 증빙하기 가장 편리한 소득이기 때문입니다. 이 월급을 앞에서 설명한 DSR 지표에 적용해보면 얼마까지의 대출을 받을 수 있는지 알 수 있습니다.

그런데 독자분들이 여기서 가장 크게 혼동하는 것이 있습니다. 내 소득이 얼마나 되는지 정확히 계산해내는 분을 의외로 본 적이 별로 없습니다. 하지만 정확한 대출 한도를 알아보려면 먼저 내 소득수준이 얼마나 되는지를 정확하게 계산해낼 수 있어야 합니다.

먼저 은행에서 인정하는 나의 소득은 어떻게 계산하는지 알아봅시다. 국세청 홈택스에서 '급여-연도별 급여 총지급현황'을 클릭하면 내가 그동안 수령한 금액을 확인할 수 있습니다.

사회에서 흔히 말하는 '연봉'은 매월 봉급에 성과급과 각종 보너스를 모두 합쳐서 세금을 떼기 전에 받아야 할 돈, 이른바 '영끌 연봉'을 말하는 것입니다(가끔 어떤 분 중에 '매달 통장에 꽂히는' 세후 월급만 보고 "내 연봉은 3,000만 원 겨우 넘어"라고 말씀하시는 분들이 계시는데, 결코 아닙니다).

그런데 또 은행과 정부에서 인정하는 나의 '연소득'은 또 다릅니다. 연도별 급여지급명세의 맨 아랫줄에 보면 '수당합계'와 '비과세합계', '공제합계', '지급액'이 차례로 보이는데요. 수당합계가 사회에서 말하는 나의 세전 연봉이고, 은행과 정부에서 말하는 '연소득'은 증빙 가능한 소득으로서 '수당합계'에서 '비과세합계'를 제외한 금액을 나의 연봉으로 쳐줍니다.

보통 교사의 연봉 중에서는 매달 나오는 정액 급식비 14만 원 중 10만 원과 교원연구비 5만~7만 5,000원, 자녀수당과 육아휴직수당이 비과세로 처리됩니다(연 180~210만 원).

만약 앞에 등장한 30세 7년 차 교사 김민지 선생님의 '연봉'이 세전 4,859만 원이라면, 은행에서 인정하는 '연소득'은 비과세항목 180만 원을 뺀 4,679만 원이 되는 것입니다. 은행에서는 이를 바탕으로 DTI와 DSR을 산출해 김민지 선생님께 대출을 해주게 됩니다.

# 현재와 앞으로,
# 평생의 자금흐름을 살펴라

대출을 현명하게 이용하는 다음 단계는 가정경제의 특징을 면밀하게 분석하고, 평생의 자금흐름을 완전하지는 않아도 어느 정도 예측해보는 것입니다.

가장 먼저 가정경제의 특징 이야기를 해봅시다. 사실 교사들은 가정경제의 특징이 큰 차이를 보이지 않는 직군 중의 하나입니다. 물론 결혼하고 가정을 꾸릴 당시의 형편에 따라 가정경제의 모습이 달라지는 경우는 좀 있기도 합니다. 어떤 분들은 부모님의 빵빵한 지원을 받아 처음부터 서울 강남의 초고가 아파트에서 결혼생활을 시작하기도 합니다. 저 같은 경우는 서울시 12평 빌라 전세에서 시작하기도 했습니다. 뭐 이런 것을 제외하면 교사가 있는 가정은 다른 직업을 가진 가정에 비해 미래 경제를 예측하기 쉬운 환경에 있습니다. 교사의 높은 고용안정성과 늦은 정년 시기, 그리고 퇴직 후 나오는 연금까지 더해지기 때문입니다. 부부 교사는 말할 것도 없고 남편과 아내 중 한쪽만 교사라고 하더라도 가정경제에 큰 축복이라 할 수 있습니다.

그런데도 가정경제의 특징을 분석해야 하는 이유는 있습니다. 다른 직군의 가정에 비해 변수가 적다뿐이지, 교사가 있는 가정에서도 경제를 운영하는 데 변수는 얼마든지 존재합니다. 나이 든 노부모를 봉양해야 하는 경우, 건강의 변화로 인한 의료비 발생, 자녀의 탄생과 성장 과정에서 휴직으로 인한 일시적 수입 감소와 양육비 증가, 자녀교육에 관심이 많은 교사의 특성상 신혼집보다 상급지로 이사하면서 들어가는 집값 마련 부담 등…. 다른 직종의 배우자와 결혼한 분들은 제가 모르는 변수들이 더 있을 것입니다. 이런 것들을 모두 고려해서 가정경제의 수입과 지출 구조, 주요 변수 등을 모두 고려해서 대응 방안을 마련해야 합니다.

그러므로 필요한 것이 평생의 자금흐름을 예측해보는 것입니다. 신규 시절부터 정년으로 퇴임할 때까지 내가 그동안 받고 앞으로 벌어들일 수입과 지출을 예측해보고, 육아휴직과 질병휴직 등으로 발생할 수입 펑크 등을 극복할 방안도 마련해야 합니다. 그리고 상급지로의 이사와 가족 또는 부모님의 간병 비용 등 큰돈이 들어갈 때 대응할 방안도 마련해봐야겠습니다.

문제는 그동안의 수입 내역은 NEIS를 통해 확인할 수 있지만, 앞으로의 수입 흐름이 어떻게 될지는 예측할 수가 없지요. 이럴 때 활용할 수 있는 곳이 있습니다. 바로 포털사이트 다음에 있는 '교사카페'(http://cafe.daum.net/teachers119)에 가면 연차별 월급명세서와 육아휴직 계산 프로그램, 연말정산과 연금소득, 육아휴직수당을 예측 및 계산할 수 있는 프로그램 등 총 10종의 자료를 유료로 제공하고 있습니다. 저는 이 자료를 매년 구입해서 데이터를 업데이트하고, 앞으로 가정경제를 구상하는 기초자료로 삼고 있습니다. 사실 제가 이 글에서 언급하는 교사의 수입에 대한 것들도 모두 이곳의 자료를 근거로 한 것이기도 합니다. 선생님들께서도 이 자료를 가지고, 앞으로의 경제 흐름을 분석하고 대출계획으로 삼는 데 활용해보실 것을 적극적으로 추천해드립니다.

# 당장 금리는 생각보다
# 중요하지 않다

대출을 받으러 은행을 방문한 분들, 특히 선생님들이 상담을 다녀와서 자주 하시는 말씀이 있습니다. "요즘 은행 이자는 왜 이렇게 비싸?", "교직원공제회는 다 좋은데, 금리가 높아서 싫어!"

틀린 말은 아닙니다. 대출을 받는 차주의 관점에서 이자가 비싼 것을 좋아하는 사람은 아무도 없을 것입니다. 원금은 그나마 상환하기만 하면 내 재산이 되니 갚는 맛이라도 있지만, 이자는 아무런 쓸 데도 없이 그냥 은행에 바치는 '공돈'과 같은 것이니 그렇겠지요. 특히나 작고 소중한 월급을 받는 월급쟁이 입장에서는 한 푼, 두 푼이 무척이나 아쉬운데, 대출금리가 생각보다 높다고 상담을 받으면 일단 꺼려지는 것이 사실입니다. 하지만 한 박자 쉬어 생각을 해보면, 반드시 그런 것도 아니라는 것을 알 수 있습니다.

대출에서 가장 중요한 것은 첫 번째, 내가 필요한 금액을 제한 없이 대출할 수 있느냐일 것입니다. 두 번째, 매달 받는 작고 소중한 내 월급을 가지고 대출받은 금액을 적은 부담으로 통장에 펑크를 내지 않고 마음 편하게 갚아나가는 것입니다.

은행이나 기타 금융기관 대출을 이용해야 할 정도로 큰돈이 필요한 상황에서, 금리는 생각보다 우선순위에서 밀려나는 경향을 보입니다. 오히려 한도를 높게, 만기를 길게 잡아주고 상환방식을 고객에게 유리하게 잡아주는 상품에 가입하는 것이 맞습니다. 그러면 한 달 원리금 상환 부담이 눈에 띄게 줄어드는 것을 볼 수 있습니다.


예를 들어 교사인 내가 주택을 구입하면서 잔금을 치르는데, 마지막으로 7,000만 원이 부족한 상황을 보겠습니다. 이를 위해 (요즘에는 거의 없지만) 금리 1.5%에 5년 만기의 1금융권 신용대출과 금리 2.83%에 12년 만기의 공무원연금공단 주택담보대출, 금리 3%에 40년 만기의 1금융권 주택담보대출과 금리 3.25%에 30년 만기의 주택금융공사 보금자리론, 금리 3.74%에 10년 만기의 교직원공제회 일반내여까지 5가지의 상품으로 대출을 받는 상황을 가정해봅시다.

상환방식은 1금융권 신용대출과 공무원연금공단 주택담보대출은 원리금 균등상환이고, 주택금융공사 보금자리론은 체증식 상환방식을 사용합니다. 교직원공제회 일반대여는 퇴직 시까지 거치할 수 있어, 퇴직 시 원금을 상환하는 것이 가능한 방식입니다. 앞의 4가지는 원금과 이자를 같이 갚아나가고, 교직원공제회만 거치할 수 있습니다.

| 금융기관 | 대출명 | 금리 | 만기 | 상환방식 | 한 달 원리금 상환 부담 (만 원) | 총이자비용 (만 원) |
|---|---|---|---|---|---|---|
| 1금융권 | 신용대출 | 1.5% | 5년 | 원리금균등상환 | 121 | 271 |
| 공무원연금공단 | 주택담보대출 | 2.83% | 12년 | 원리금균등상환 | 57 | 1,264 |
| 1금융권 | 주택담보대출 | 3% | 40년 | 원리금균등상환 | 25 | 5,028 |
| 교직원공제회 | 일반대여 | 3.99% | 10년 | 원리금균등상환 (거치 연장 가능) | 23 | 2,793 |
| 주택금융공사 | 보금자리론 | 3.25% | 30년 | 체증식 상환 | 19~ | 4,757 |

대출상품별 대출조건 비교

계산한 결과를 볼까요? 1금융권 신용대출은 금리가 가장 저렴하지만, 만기를 5년으로 가장 짧게 잡아놓았습니다. 그러다 보니 매달 갚아야 하는 원금의 액수가 압도적으로 많습니다. 1%대의 말도 안 되게 낮은 금리임에도 불구하고 한 달에 상환해야 하는 원리금이 121만 원에 달합니다.

이에 비해 공무원연금공단 주택담보대출은 금리가 신용대출보다 2배 가까이 높지만, 원금을 12년으로 비교적 길게 잡아놓은 덕분에 한 달에 상환해야 하는 원리금이 57만 원으로 반토막 이상이 났습니다.

만기를 무려 40년(!)으로 잡아놓은 1금융권 주택담보대출은 3%의 금리에도 매달 상환하는 원리금이 25만 원으로 줄어들었고, 주택금융공사의 보금자리론은 더 대단합니다. 만기가 30년이고 원리금 상환 부담이 매달 조금씩 늘어나는 방식의 체증식 상환을 택한 덕분에 첫 달 기준으로 원리금 상환 부담이 월 19만 원(!)에 불과합니다. 원리금 상환 부담이 가장 높은 30년 후 마지막 달에도 원리금 상환 부담이 49만 원에 불과한 것을 보면, 금리가 가장 싼 1금융권 신용대출보다 차주에게 얼마나 유리한 상품인지 알 수 있습니다.

교직원공제회 일반대여 역시 퇴직 시까지 거치할 수 있다는 최고의 장점 덕분에 한 달 원리금 상환 부담이 22만 원으로 줄어듭니다. 원리금 상환 부담이 가장 높은 1금융권 신용대출과 비교하면 거의 5분의 1 이상으로 줄어드는 것을 확인할 수 있습니다.

물론 결과가 이렇다고 해서 한 달 원리금 상환 부담이 가장 적은 주택금융공사 보금자리론이나 교직원공제회 일반대여만 무조건 정답이라는 이야기는 아닙니다. 더 대출 연장이 불가능한 '만기까지 대출상품을 이용한다고 가정할 때까지의 이자 부담', 즉 총이자비용을 계산해보면 지금까지 설명한 것의 역순임을 알 수 있습니다. 즉, (실질적인) 만기가 가장 길고 금리도 높은 공제회 일반대여의 총이자비용이 6,124만 원 정도로 가장 많고, 체증식 상환을 사용하는 주택금융공사 보금자리론이 4,884만 원으로 그다음, 마지막으로는 1금융권 신용대출이 270만 원 정도로 가장 적다는 것을 알 수 있습니다.

뒤에서도 다루겠지만, 수입은 후배들에 비해 배 이상으로 많으면서 퇴직이 얼마 남지 않은 원로교사분들은 오히려 월급과 상여금이 한창 많은 현직 교사 신분일 때 온 힘을 다해 원리금을 갚아가다가, 퇴직하고 연금소득만 남을 때는 아주 적은 돈만 원리금 상환에 쓸 수 있도록 대출구조를 설계하는 것이 훨씬 낫습니다.

한 달에 갚는 원리금 부담만 중요한 것이 아닙니다. 대출 한도도 중요하게 봐야 합니다. 한도가 부족해 신축아파트 청약을 포기하면 계약금과 함께 몇 년에서 몇십 년을 부은 청약통장이 날아가고, 구축아파트를 매매할 때 한도가 부족해 중도금이나 잔금을 내지 못하면 그동안 납입한 계약금이나 중도금이 하늘로 날아갑니다. 둘 다 상상하기 싫은 끔찍한 상황 아닌가요?

또한, 육아휴직과 질병휴직 등으로 펑크 나는 생활비를 메우기 위한 생활자금대출을 받을 때는 교사의 봉급구조 특성상 부족한 금액을 마이너스통장이나 유사한 방식의 대출상품(예를 들면 교직원공제회 일반대여)으로 받는 것이 가장 유리합니다. 평소에는 이자만 내다가 복직한 후 보너스나 목돈이 생길 때마다 한꺼번에 갚아나가는 것입니다. 뒤에서도 다루겠지만, 1년 정도 육아휴직 할 때 펑크 나는 생활자금은 교사 월급으로 3~4년 정도만 너끈히 갚을 수 있습니다.

결론을 내리면, '저금리'는 충분히 매력적인 대출조건 중에 하나라는 것은 틀림없습니다. 늘 부족한 것 같은 월급을 생각하면 더욱 그렇습니다. 하지만 저금리 대출상품을 고르는 것이 반드시 정답은 아닙니다. 앞에서 말씀드린 대로 여러분의 평생 자금흐름과 가정경제 사정을 먼저 정확하게 파악하고, 그에 맞는 대출상품을 선택해 상환구조를 설계해 나가는 것이 대출을 잘 받는 왕도라 할 수 있을 것입니다.

[비과세소득]
비과세소득 때문에
이사할 아파트의 층이 달라질 수도 있다?

필자가 원고를 한창 쓰고 있는 지금은 2021년도 연말정산이 한창 진행 중입니다. 매년 연말정산 시즌이 되면 사람들의 관심사는 온통 '올해는 내가 세금을 돌려받을까? 아니면 도로 뱉어낼까?'에 쏠리게 마련이지요. 사람들 사이에 연말정산 환급금이 '13월의 월급'이라는 이미지가 너무 강해서 더욱 그런 것이 아닐까 생각합니다. 사실 연말정산이 그러라고 있는 제도기도 하니, 사람들의 생각이 잘못된 것도 아니지요.

그러나 연말정산이 우리에게 의미가 있는 이유는 또 있습니다. 바로 해당 연도 나의 연소득을 정확히 측정할 수 있기 때문입니다. 연말정산에서 확정되는 원천징수영수증에 찍힌 나의 연봉이 바로 정부와 공공기관, 은행이 인정하는 '연소득'이 됩니다. 정부와 공공기관, 은행이 인정하는 나의 연소득을 알게 되면 여기저기 써먹을 곳이 많습니다. 은행에서 나의 대출 한도를 정하는 기준(DSR)이 될 뿐만 아니라 소득을 산정 기준으로 삼는 정부와 지자체의 각종 혜택을 받을 수 있을지도 결정하기 때문입니다. 특히 지금과 같은 코로나19 시국에서는 정부와 지자체가 제공하는 각종 재난지원금이 지원 대상자의 연소득을 기준으로 산정되는 바람에, 많은 사람의 희비가 엇갈리기도 했습니다.

그러면 나의 '연봉'은 어떻게 계산할까요? 사람들이 생각하는 '연봉'의 기준은 워낙 다양해서, 뭐가 정답이라고 말하기는 어렵습니다. 세전 월급에 자신이 받는 온갖 보너스와 수당을 더한 금액이 연봉이라고 말하는 사람, 당장 내 통장에 꽂히는 금액의 총합만 연봉이라고 보는 사람, 평소에 받는 월급만 계산하고 비정기적으로 받는 보너스와 수당은 빼는 것이 맞다고 생각하는 사람 등 기준이 워낙 제각각이라 혼란을 겪는 것을 많이 보게 됩니다. 물론 본문에서도 언급했지만, 사회에서 말하는 '연봉'이란, 평소에 받는 세전 월급에 자신의 각종 보너스와 수당을 모두 더한 이른바 '영끌 연봉'을 가리키는 경우가 많다는 점을 다시 한번 말씀드리고 싶습니다. 직종과 직장마다 월급명세서에서 공제하는 항목과 금액의 종류가 워낙 다양해서, 이를 모두 반영한 이른바 '세후 연봉'으로는 그 사람의 객관적인 소득수준을 가늠하기 어렵기 때문입니다.

사실 자신의 올해 연봉을 만 원, 또는 십만 원 단위까지 정확하게 알고 있는 사람은 거의 없을 것입니다. 저도 그렇습니다. 다만 내가 대출을 받을 계획이 있다면, 내 연봉이 얼마인지 적어도 만 원 단위까지는 정확히 계산할 줄 알아야 합니다. 바로 차주 단위 DSR 규제 때문입니다.

차주 단위 DSR은 대출을 받는 각 사람(차주)이 대출의 원금과 이자를 갚는 능력을 대출금 대비 연소득으로 계산한 비율을 말합니다. 기존의 DTI(총부채상환비율)는 기존 대출의 '이자'에 새로 받는 대출의 '원리금'을 더한 금액을 연소득으로 나누어 차주의 대출상환능력을 측정했다면, DSR은 기존 대출의 '원리금'에 새로 받는 대출의 '원리금'을 더한 금액을 연소득으로 나누었다는 차이가 있습니다. DSR이 기존 대출과 새로 받는 대출의 '원리금' 상환액을 모두 따지므로 DTI보다 결괏값이 더 빡빡해지겠지요. 그리고 당연한 이야기겠지만 분모(나의 연소득)가 1원이라도 많을수록 더 유리한 결괏값이 나올 것입니다.

그렇다면 원천징수영수증이 확정되기 전에 나의 연봉을 정확하게 예측할 방법은 무엇일까요? 정답은 나의 세전 연봉에 포함되는 항목, 즉 평소 월급과 각종 보너스, 수당을 모두 더했다가, 비과세소득에 해당하는 항목만 빼면 됩니다. 원천징수영수증 첫 페이지 '근무처별 소득명세' 칸의 마지막 줄 '계'에 찍히는 돈이 바로 이 금액입니다. 세금과 4대 보험료 등 나의 세전 월급에서 공제하는 항목들은 뺄 필요가 없습니다.

| 항목 | 금액(만 원) | 계산 근거 |
|---|---|---|
| 평소 월급 | 4,149 | 세전 월급 346만 원×1년 |
| 정근수당(15호봉) | 173 | 15호봉 기준 평균 86.5만 원×2회 |
| 성과급(B등급) | 349 | 2022년 B등급 349만 원 |
| 명절휴가비(2회) | 318 | 평균 159만 원×2회 |
| 세전 연봉 | 4,989 | |
| 교원연구비 | 66 | 5.5만 원×1년 |
| 정액 급식비(비과세분) | 120 | 10만 원×1년 |
| 명절휴가비(2회) | 318 | 평균 159만 원×2회 |
| 비과세소득 합계 | 504 | |
| 연소득(원천징수) | 4,485 | |

7년 차 김민지 선생님의 2022년 월급명세서

그렇다면 실제로 원천징수영수증에 찍히는 연소득은 어떻게 산정되는 것일까요? 여기 7년 차 김민지 선생님이 2022년 1년간 받는 월급명세서를 보면서 살펴보도록 합시다.

앞에서 말씀드렸듯이 김민지 선생님의 연봉은 평소 세전 월급에 각종 보너스 및 수당을 더한 '영끌 연봉' 4,989만 원입니다. 다른 사람이 김민지 선생님의 연봉을 궁금해하면 그냥 "내 연봉? 5,000만 원 정도 돼"라고 대답해주면 무난할 것입니다. 그러나 은행 직원이 인정해주는 김민지 선생님의 연봉은 다릅니다. 은행 직원이 생각하는 연봉은 '과세 대상' 소득만을 가리킵니다. 그런데 정액 급식비(월 14만 원 중 10만 원)와 교원연구비(월 5만 5,000원)는 비과세 근로소득의 기준을 충족해서 비과세소득 처리를 받습니다. 그리고 교사가 받는 각종 보너스 3종 세트(성과급,

정근수당, 명절휴가비) 중 명절휴가비는 실비변상적인 성격이 있다고 인정되어 역시 비과세소득 처리를 받습니다. 이것을 모두 제외한 김민지 선생님의 '연소득'은 4,485만 원, 대략 4,500만 원 정도가 됩니다.

그러면 이 글의 제목에 답할 시간입니다. 이 비과세소득 때문에 김민지 선생님이 구입할 아파트의 층이 달라질 수도 있을까요? 답은 '맞다'입니다.

김민지 선생님의 기존 대출이 하나도 없다는 가정하에, 1금융권(DSR 40%)에서 받을 수 있는 주택담보대출의 최대치(만기 30년에 금리 3.2%, 원리금 균등상환방식 기준)는 세전 연봉(5,000만 원) 기준 3억 500만 원 정도입니다. 조정대상지역(LTV 50%) 기준으로는 매매가 최대 6억 1,000만 원인 아파트까지 매수 가능하다는 이야기입니다. 그런데 '연소득(4,500만 원)' 기준으로 계산하면 김민지 선생님이 받을 수 있는 주택담보대출의 최대치는 2억 7,500만 원까지 떨어집니다. 역시 같은 조정대상지역의 아파트를 기준으로 하면 매수 가능한 아파트의 매매가가 5억 5,000만 원까지 6,000만 원이나 떨어진다는 것입니다.

따라서 김민지 선생님은 하루아침에 한 아파트의 로열층(인기층)에 입주하는 대신 비인기층으로 시선을 옮기게 생겼습니다. 실제로 조정대상지역인 경기도 고양시 일산신도시의 '강선마을 9단지 화성아파트(27평)'라는 단지를 보면, 인기세대의 경우 6억 원 정도에서 시세가 형성되어 있지만, 비인기세대는 5억 4,000만 원 정도에 매물이 나온 것을 볼 수 있습니다. 정말로 DSR을 어떻게 측정하느냐에 따라 어느 세대에 입주할 수 있을지가 갈리는 셈입니다. 세금 덜 내는 줄 알고 좋아했던 '비과세소득'이 김민지 선생님에게 의외의 부메랑으로 돌아온 것입니다.

결론을 내리면 차주 단위 DSR 규제가 도입되면서 나의 소득을 정확하게 측정하는 능력이 매우 중요해졌습니다. 나의 소득을 적당히 알고 은행에 갔다가는 생각보다 적은 대출 한도에 멘붕이 올 가능성이 커졌기 때문입니다. 똑똑한 대출 소비자가 되려면 나의 연봉이 어떻게 되는지 확실하게 계산할 수 있어야 하겠습니다.

CHAPTER 3

# 좋은 대출, 이건 몰랐지?

# 어떤 금리가 나에게 유리할까?
# 중요한 것은 따로 있다!

금리 인상기를 맞으면서 많은 대출소비자가 고민하는 것은 내가 이용하는 대출상품을 '고정금리'와 '변동금리' 중 어떤 것을 이용하느냐일 것입니다. 변동금리를 이용하자니, 금리가 끊임없이 오를 것 같은 공포감에 꺼려집니다. 고정금리를 이용하자니, 나중에 경기가 반전되어 금리가 인하되는 상황이 오면 남들과는 다르게 비싼 '돈값'을 주고 남의 돈을 사용하는 내가 바보가 되어버릴 것 같습니다. 고정금리와 변동금리, 과연 정답은 무엇일까요?

결론부터 말씀드리면 사실 정답은 없습니다. 필자뿐만 아니라 그 어떤 전문가라도 확실한 답을 내려드릴 수는 없습니다. 그러나 필자가 알려드리는 내용을 바탕으로 조금 더 현명한 선택을 하시길 바랍니다.

먼저 금리에 대해서 살펴봅시다. 필자가 앞에서 잠시 언급했지만, 이자라는 것은 남의 돈을 사용하는 비용을 가리킵니다. 은행이 내 예금을 가지고 돈놀이를 하려면 나에게 일정한 수준의 비용을 지급해야 합니다. 반대로 내가 상황이 급해서 은행의 돈을 활용하려면 역시 은행에 일정한 수준의 대가를 줘야 할 것입니다.

이 금리는 시도 때도 없이 변합니다. 한 치 앞을 모르는 것이 사람 일이듯, 경제도 마찬가지입니다. 세계 경제 상황에 따라 1ℓ에 1,200원 남짓하던 기름값이 2,000원을 넘나드는 시대가 되지 않았습니까? 금리도 시도 때도 없이 변해 사람들에게 혼란을 줍니다.

고정금리는 말 그대로 시도 때도 없이 변하는 금리를 일정 수준에 고정해서 돈을 빌려준 쪽에 이자를 지급하는 것입니다. 반대로 변동금리는 일정한 주기를 정하고 시도 때도 없이 변하는 금리를 반영해 돈을 빌려준 쪽에 이자를 지급하는 것을 의미합니다.

고정금리가 유리한 것은 아무래도 금리가 인상되는 시기일 수밖에 없습니다. 국제유가가 오르면 주유소의 기름값이 그때그때 인상되듯이, 중앙은행이 기준금리를 인상하면 은행들이 결정하는 시중금리도 일제히 오를 것입니다. 그때 금리가 기준금리에 그때그때 따라가지 않고 어느 정도 수준에 고정되도록 설정해놓으면, 이자비용이 마구잡이로 오르는 것을 막을 수 있다는 장점이 있을 것입니다. 반면 변동금리가 유리한 것은 역시 금리가 인하되는 시기일 것입니다. 중앙은행이 기준금리를 내릴 때마다 금리가 변동되도록 설정해놓으면, 이자비용이 절감되는 효과를 기대할 수 있을 것입니다.

여기까지는 너무 당연한 이야기여서 '뭐야?' 하시는 분들이 많을 것입니다. 그러나 이제부터는 진짜로 대출소비자들이 놓치지 말아야 할 이야기를 한번 해보겠습니다.

우리가 중요하게 생각해야 할 것은 은행들이 정하는 대출의 룰입니다. 그중에서도 금리의 종류와 변동주기를 눈여겨봐야 합니다.

그런 생각을 해보지 않으셨나요? '은행은 무슨 근거로 금리를 책정하는 것일까?', '그냥 최대한 돈 많이 벌어먹으려고 자기들 유리하게 매기는 것 아닐까?'라고 말입니다. 이 글을 쓰는 필자도 예전에는 똑같은 생각을 해본 적이 있습니다.

> 대출금리 = 기준금리 + 가산금리 - 우대금리(감면금리)

은행은 분명히 대출의 룰을 가지고 있습니다. 기본적으로 대출금리는 기준금리에 가산금리를 더하고, 여기에 우대금리를 감면해주는 방식으로 책정됩니다. 그중에서도 은행이 대출금리의 기준으로 정하는 기준금리를 기준시장금리라고 하는데, 이 기준시장금리의 차이를 이해해야 나에게 조금이라도 유리한 대출을 받을 수 있습니다.

기준시장금리에는 콜금리, CD금리, 정책금리, 금융채금리, 국공채금리 등 열몇 개가 넘는 종류가 있지만, 우리는 이 중에서 가장 쉽게 접할 수 있는 몇 가지만 살펴보도록 하겠습니다. 변동금리의 기준시장금리로 흔히 사용되는 CD금리와 코픽스금리, 고정금리의 기준시장금리로 자주 사용되는 금융채금리를 알아보도록 하겠습니다.

## CD금리

첫 번째는 CD금리입니다. 우리말로 하면 '양도성예금증서(CD)'라고 번역할 수 있는 CD금리는 다른 사람에게 팔 수 있는 단기 예금상품을 가지고 책정하는 금리입니다. 양도성예금증서는 은행에서 무기명으로 할인 발행해 다른 은행과 증권사, 종합금융사 등에서 유통할 수 있으며, 만기가 될 때까지는 중도에 해지할 수 없다는 특징이 있습니다. 그러다 보니 예금주가 양도성예금을 급하게 현금화하면, 그는 금융기관에 매일 고시되는 CD금리로 증서를 다른 사람에게 팔고, 금융기관은 이를 다른 사람에게 되팔아 자유롭게 현금화를 할 수 있는 원리입니다. 주로 신용대출이나 주택담보대출에 많이 활용됩니다. CD금리는 매일 인터넷에 공시될 만큼 상당히 자주 바뀝니다.

문제는 양도성예금증서의 발행이 날이 갈수록 크게 줄고 있다는 것입니다. 이는 단기 성격의 예금이 어떻게 흘러가는지 CD금리만으로는 파악하기 어렵게 됨을 의미합니다. 따라서 요즘에는 은행 대출에서 CD

금리의 활용이 갈수록 줄어들고 있는 현실입니다.

CD금리는 상대적으로 안전자산입니다. 따라서 경기가 좋아서 주식과 같은 투자 · 위험자산의 수요가 커지면 양도성예금증서의 수요가 줄어들게 됩니다. 따라서 가격은 내려가고 CD금리는 상승하는 경향이 있습니다.

## 코픽스금리

두 번째는 요즘 가장 흔하게 쓰이는 코픽스(COFIX) 금리입니다. 코픽스는 우리말로 하면 '자금조달비용지수(COst of Funds IndeX)'라고 번역할 수 있는데요. 국내 1금융권의 8개 은행이 갖가지 예금, 이를테면 정기예적금, 상호부금 등을 조달하는 데 들어가는 비용에 항목마다 가중치를 매겨 평균을 낸 금리를 의미합니다. 이 금리는 한 달에 한 번, 은행연합회 홈페이지에 공시가 될 만큼 자주 바뀝니다.

코픽스금리는 크게 신규취급액 기준 코픽스와 잔액 기준 코픽스로 나눌 수 있는데요. 신규취급액은 해당 한 달 동안 새로 약정한 대출 건의 취급금액을 기준으로 가중평균한 금리를 의미합니다. 아무래도 막 들어온 따끈따끈한 데이터를 가지고 책정하는 금리다 보니, 경제 현실을 더욱 바로바로 반영한다는 특징이 있습니다.

여기까지 말씀드리면 좋은 것처럼 보이지만 주의해야 할 것이 있습니다. 그때그때 시장 금리의 반영이 너무나 잘되기 때문에 금리의 변동 폭도 상대적으로 크다는 것입니다. 특히 지금과 같은 금리 인상기에 신규취급액 기준 코픽스는 대출소비자 관점에서 취약일 수밖에 없습니다. 중앙은행에서 기준금리를 올리면 신규취급액 기준 코픽스도 바로 올라가기 때문입니다. 대출소비자로서는 가장 피해야 할 코픽스지만, 은행에서는 될 수 있는 대로 신규취급액 기준 코픽스로 유도해서 대출을 약정하려 합니다. 상당수의 시중은행 대출상품에서 기준금리로 활용되는 것이 신규취급액 기준 코픽스입니다.

반면 잔액 기준 코픽스는 월말 전체 대출잔액을 기준으로 가중평균한 금리를 의미합니다. 아무래도 전체 대출잔액을 기준으로 하다 보니, 시장 금리의 반영이 비교적 느린 편이고, 금리의 변동 폭도 상대적으로 작다는 특징이 있습니다. 특히 지금과 같은 금리 인상기에는 잔액 기준 코픽스로 대출을 약정하는 것이 유리합니다. 그러다 보니 은행에서는 될 수 있는 대로 잔액 기준 코픽스를 취급하지 않으려 합니다.

## 금융채금리

세 번째는 금융채금리입니다. 금융채는 은행과 증권사, 종합금융사 등 금융기관이 자체적으로 자금을 조달하기 위해 발행하는 채권을 의미하는데요. 이 채권을 발행할 때 제공하는 금리를 금융채금리라고 합니다.

금융채는 기본적으로 금융기관에서 돈이 필요해서 발행하는 것이므로 은행으로서는 채권자들에게 높은 금리를 지급할 수밖에 없겠지요? 더군다나 은행의 건전성을 규제하는 국제규약 '바젤3'가 시행되면서 은행은 BIS(자기자본비율)로 표시되는 자기들 자본의 건전성을 유지하는 일이 중요해졌습니다. 따라서 금융채를 기준시장금리로 설정한다는 것은 아무래도 다른 기준시장금리에 비해 비쌀 수밖에 없을 것입니다.

요약해보겠습니다. 사실 고정금리냐, 변동금리냐 할 때 정답은 없습니다. 책임은 대출소비자 본인의 몫입니다. 다만 필자가 대출을 받는다면 변동금리 중에 금리의 변동 폭이 작고, 대출의 변동주기가 긴 상품을 먼저 고려할 것입니다. 만약 거시경제 상황을 지켜봤을 때, 중앙은행이 정하는 기준금리와 시중은행이 정하는 기준시장금리의 변동 폭이 너무 크겠다고 판단된다면, 그때는 고정금리를 고려하지 않을까 생각합니다. 아무쪼록 대출을 이용하는 소비자 여러분도 대출상품을 고를 때 현명한 선택을 하시길 바랍니다.

# 대출받아 산 집값이 내려가면 큰일 나나?
## – 주택담보대출에 대한 오해와 진실

주택담보대출을 받는 사람들이 가장 걱정하는 리스크가 있습니다. 특히 자신의 형편에 좀 무리하게 '영끌'을 해서 집을 구입한 사람들이 많이 하는 걱정입니다. 바로 "빚내서 어렵게 산 우리 집의 집값이 내려가면 어떡하지?" 하는 것입니다.

걱정의 내용인즉 이렇습니다. 내가 LTV를 꽉 채워 대출을 받고 매수한 집의 가격이 지금보다 떨어지면 집값 대비 대출금의 비율을 의미하는 LTV가 금융당국과 은행에서 정한 한도를 넘어서게 됩니다. 또 대출을 받으며 제공한 담보(집)의 가치가 떨어진 것입니다. 예를 들어 조정대상지역인 경기도 의정부시에서 4억 원짜리 아파트를 LTV 최대한도(50%)인 2억 원의 대출을 받고 매수한 상황을 생각해봅시다. 그런데 의정부의 부동산 시장이 본격적인 하락장으로 접어들어 아파트값이 3억 원으로 1억 원 떨어진다면, 이 아파트의 LTV는 50%에서 66.7%로 상승하게 됩니다. 그러면 주기적으로 담보물의 가치를 측정하는 은행에서 이를 알아채고 LTV 초과분인 16.7%(5,000만 원)에 대한 상환이나 새로운 담보 제공을 요구할 수 있다는 걱정입니다. 특히 집값이 사정없이 폭락해 심지어 대출금보다 밑으로 떨어지면, 그때는 예외 없이 대출금을 조기에 전부 갚아야 한다는 말도 있습니다.

그러나 사실을 말씀드리면 '그럴 일은 정말 웬~만하면 없다'라는 것입니다. 99.9% 걱정하지 않아도 됩니다. 과연 그 이유는 무엇일까요?

첫 번째는 은행은 담보물의 가치(집값)를 언제든지 측정할 수 있는 능력이 있고, 심지어 주택담보대출 한도의 지표로 활용하는 KB시세라는 것도 있습니다. 하지만 그것을 바탕으로 이미 대출을 실행한 차주의 집값을 계속해서 모니터링하지는 않습니다.

두 번째는 약정한 대출금 상환을 상습적(1년 이상)으로 연체하지만 않으면, 은행은 담보물의 가치가 하락했다고 바로 대출금의 조기 상환이나 새로운 담보 제공을 요구하지 않습니다. 은행으로서는 대출의 부실만 발생하지 않으면, 한번 대출을 유지한 차주와 계속 관계를 유지하며 이자수익을 추구하는 것이 이익입니다. 대출금을 조기에 회수해서 차주를 곤란에 빠뜨릴 이유가 없습니다. 따라서 한번 대출을 받은 차주는 만기가 도래할 때까지 약정한 대출금을 성실히 상환하면 집값이 오르든, 떨어지든 아무 문제가 없습니다.

　세 번째는 우리나라의 부동산 시장 특성상, 은행이 주택담보대출의 조기 상환을 요구하는 상황이 쉽게 찾아오기 어렵습니다. 먼저 국토가 좁고, 인구가 특정 지역에 편중된 우리나라 부동산 시장 특성상 큰 규모의 가격 폭락이 찾아오기 어려운 데다, 세계 최고 수준의 LTV 규제로 부동산 대출 때문에 은행의 부실이 발생하기 어려운 환경입니다.

　예를 들어 40%의 LTV가 적용되는 투기과열지구에서 담보물의 가치가 대출금 이하로까지 떨어지려면 역으로 집값이 60% 이상 폭락해야 하는데, 그 정도로 부동산 시장이 망가지기는 쉽지 않습니다. 그렇게 망가지기 전에 정부에서 다양한 정책수단을 동원해 부동산 경기 부양에 나서기 때문입니다.

　실제로 2008년 세계금융위기 이후 찾아온 하락장으로 수도권의 주요 상급지 아파트값은 고점 대비 30~40%까지 하락하기도 했는데, 이에 대해 정부는 기준금리를 지속해서 인하하고, 대출과 각종 세금 규제를 완화해 부동산 경기 활성화를 위해 노력했습니다.

　또 시중은행과 2금융권에서 제공하는 주택담보대출은 대개 만기가 20년 이상의 초장기인 경우가 많아, 중간중간에 조정장은 있었어도 장기적으로는 우상향을 거듭한 우리나라 부동산 시장의 특성을 고려하면, 만기가 되었을 때 담보물의 가치 하락이 일어나기는 쉽지 않습니다.

　물론 0.1% 염려가 되는 부분도 없지는 않습니다. 이런 일은 거의 없지만, 10년 이내의 짧은 만기로 주택담보대출을 받는 경우, 만기가 도래했을 때 금융기관에서 딴지를 거는 일은 발생할 수도 있습니다. 대출 만기의 재연장을 거부하거나, 내려간 집값만큼만 신규대출을 다시 진행하거나, 지금보다 금리를 올릴 위험 정도는 있습니다. 물론 이 경우에는 타 금융기관의 대환대출을 알아보거나, 아예 집을 처분해서 비슷한 가격의 다른 집을 매수해 이사하는 방법 등으로 대응할 수 있습니다.

# 내 배우자가 실직하거나,
# 대출 만기가 정년을 넘어서면 어떡하지?

독자분들, 특히 선생님들이 주택을 구입하면서 걱정하는 리스크는
또 있습니다. 바로 배우자의 실직으로 대출 원리금을 연체할 수밖에 없
는 상황에 놓이거나, 대출 만기가 정년을 넘어서서 퇴임 후 연금소득으
로 대출 원리금을 감당하기 버거운 경우입니다. 그나마 부부 교사는 제
발로 교직을 떠나지 않는 한 만 62세 정년이 보장되는 등 고용 안정성
이 매우 높아 이런 걱정이 좀 적은 편입니다. 하지만 타 직종의 배우자
를 둔 경우에는 언제든지 퇴사 또는 실직의 위험에 노출되어 있으므로,
선생님들이 이런 걱정을 하는 경우가 적지 않습니다.

배우자가 실직하는 경우 발생하는 가장 큰 리스크는 주택담보대출보
다 만기가 짧은 신용대출과 사내대출의 상환압력입니다. 이것은 어떻
게 피할 수가 없습니다. 신용대출은 직장에 다니는 배우자의 현 신용도

를 주요 기반으로 받은 것이고, 사내대출 역시 해당 직장에 재직이라는 상황을 담보로 주어지는 것이기 때문입니다. 따라서 뒤에서도 이야기하겠지만, 우리 집이 주택담보대출과 신용대출, 사내대출 등 온갖 종류의 대출을 다 받아둔 상태라면, 무엇보다 조기 상환 압력이 높은 신용대출과 사내대출을 최우선으로 상환해둘 필요가 있습니다.

반면 주택담보대출은 만기가 길어 배우자가 실직하더라도 바로 은행에서 상환압력이 들어오지 않습니다. 실직 후 은행에 실직 사실과 향후 구직 계획을 정식으로 소명하면 원리금 상환을 최대 1년까지 유예받기도 합니다. 그렇게 은행이 차주의 편의를 봐주었는데도 배우자가 좀처럼 직장을 찾지 못하는 등 상황이 개선되지 않으면, 그때는 살던 집을 처분하고 더 저렴한 집이나 전세, 월세로 옮기는 수밖에 없습니다.

대출 만기가 정년을 넘어설 때는 어떨까요? 이 경우에는 2가지의 선택지가 있습니다. 첫 번째는 그냥 대출 원리금을 계속 상환하는 경우입니다. 특히 부부 교사의 경우에는 어쨌든 연금소득이 일반적인 국민연금 수급자보다 많으므로, 가정경제의 필요 없는 지출을 줄이고 소득을 잘만 관리하면, 연금소득으로도 원리금을 상환할 능력이 될 수도 있습니다. 만약 대출 원리금의 규모가 퇴임 후에도 충분히 감당이 가능하다고 생각하면 만기 시까지 계속 유지하면 됩니다.

대출 만기가 정년을 넘어서는 시기(주로 40대 이후)에 주택담보대출을 받아, 내 집을 마련하는 경우, 대출상환방식을 체증식이나 원리금균등상환 대신 원금균등상환으로 설정하면, 한창 돈을 벌 때인 현직 교사 시절에 많은 원리금을 갚고 나이가 들수록 갚아야 할 원리금이 줄어드는 구조로 설계되기 때문에 퇴임 후 원리금 상환 부담을 크게 줄일 수 있습니다.

두 번째는 대출 원리금을 도저히 감당하기 어려운 경우입니다. 이때에는 먼저 사는 집을 역주택담보대출로 전환해 주택연금에 가입하는 방법을 생각해볼 수 있습니다. 정년퇴임 시점에서 아직 갚지 못한 대출금을 은행에 일시 상환하고, 나머지는 사망 시까지 한국주택금융공사가 설정한 연금을 매달 나누어 받는 방식으로 가는 것입니다. 신청 당시보다 집값이 내려가더라도 연금을 받는 데에는 아무 지장이 없고, 주택연금을 수령하더라도 공적연금인 공무원연금이 감액되는 등의 피해도 전혀 발생하지 않습니다. 또 주택연금에 가입했다고 내 집의 소유권이 통째로 국가에 넘어가는 것도 아닙니다. 주택연금을 받기 시작한 후 부부가 마지막으로 사망할 때까지 발생한 모든 비용(그동안 지급된 연금과 이자, 보증료 등)만 변제되고, 나머지는 자녀 등 상속권자에게 상속됩니다. 그래도 주택연금이 그다지 당기지 않는다면, 집을 매도하고 시세가 저렴한 다른 집이나 임대차로 넘어가면 됩니다.

# 4대 시중은행이 아니면 무조건 위험하다?

대출 규제가 강화되면서 국내의 주요 1금융권 은행에서 원하는 만큼 대출을 받기가 점점 어려워지고 있습니다. 사실 교사 정도면 우리 사회를 통틀어 비교적 안정적이고 건실한 직업군으로 인정받고 있는데도, 요즘에는 상담을 받으러 찾아가면 시중은행들은 교사들에게도 쉽게 대출을 내주지 않으려 합니다. 다른 직종에 계신 독자분들은 더 말할 필요가 없겠지요. "신용대출이나 마이너스통장 개설 상담을 받으러 은행에 가봤더니, 창구 직원이 대출 한도를 연봉은커녕 1,000~2,000만 원에서 심하게는 수백만 원으로 잡아서 이야기하더라"라면서 푸념하는 글을 인터넷에서도 종종 보게 됩니다.

물론 최선의 방법은 누구나 아는 1금융권의 대형 시중은행만을 주로 이용하면서 필요할 때 대출을 받아 자금을 융통하는 것입니다. 하지만 그게 어렵다면 이제는 시야를 조금은 더 넓혀 볼 때가 되었습니다.

　우리가 시야를 넓혀 가장 먼저 고려해볼 만한 대상은 전국의 지방은행과 외국계은행입니다. 사실 지방은행과 외국계은행은 오랫동안 금융소비자들의 외면을 받아왔습니다. 영업권이 설정된 지역 내와 수도권의 약간으로 제한되는 지방은행, 지점 개수가 주요 시중은행보다 압도적으로 적은 외국계은행의 특성상 지점에 찾아가기도 쉽지 않고, 대출을 받을 때 금리도 시중은행에 비해 높다는 인식이 많았기 때문입니다. 또 아무래도 은행의 규모가 전국구인 시중은행에 비해 영세하기 때문에, 안정성에 대한 걱정도 있습니다. 그러다 보니 금융소비자 중에는 지방은행과 외국계은행을 2금융권처럼 여기며 꺼리는 사람들도 적지 않습니다. 안정을 지향하는 분들이 많은 선생님들은 더욱 그렇게 생각하는 분들이 많은 것 같습니다.

　그러나 지방은행과 외국계은행에 대한 많은 금융소비자의 인식은 절반의 진실에 가깝습니다. 먼저 지방은행과 외국계은행이 은행의 규모가 작고 영세한 것은 맞습니다. 2019년 기준, 우리나라 6대 지방은행(부산, 대구, 경남, 광주, 전북, 제주)의 총자산(286조 원)을 합쳐봐야 NH농협은행(315조 원)에 못 미치고, 지방은행 중 4번째의 규모를 기록 중인 JB광주은행(27조 원)의 총자산은 교직원공제회(32조 원)보다도 작습니다. 그러나 크기가 작다뿐이지, 이들은 엄연한 1금융권이라는 것을 잊지 말아야 합니다. 지방은행이 위치한 지역에서는 시중은행 못지않게 대학생들이 앞다투어 취업을 꿈꾸는 건실한 금융기관입니다. 이곳에서 대출상품을 이용하더라도 신용도와 시중은행에서의 금융거래에 불이익을 받지 않습니다.

은행의 안정성과 건전성을 강조하는 국제 금융규제 '바젤3'가 시행되면서 각 은행의 대출 총량을 관리하는 것이 매우 중요해졌는데, 상대적으로 금융소비자들의 발길이 적고 대출 총량에서 여유로운 지방은행과 외국계은행은 시중은행보다 대출 한도를 조금이라도 더 높게 잡아주기도 합니다(물론 이것도 상담을 받아봐야 압니다).

지방은행과 외국계은행의 대출금리가 시중은행보다 무조건 높다는 말도 옛말입니다. 네이버를 통해 신용대출과 주택담보대출 등 주요 대출상품의 최저금리를 찾아보면, 지방은행과 외국계은행의 금리가 시중은행보다 살짝 높기는 해도 큰 차이는 없습니다. 고신용자를 주고객으로 하는 시중은행과 달리, 지방은행과 외국계은행들은 주로 중저신용자를 대상으로 한 중금리상품 위주의 대출영업에 주력하는데도 말입니다. 금융당국의 대출 규제가 주로 시중은행에 집중되어 풍선효과를 일으켰고, 상대적으로 외면을 받아온 지방은행, 외국계은행이나 2금융권의 금리가 시중은행의 그것을 앞지르는 기현상이 벌어진 것입니다. 특히나 요즘에는 지방은행들이 금융당국의 가계대출 총량 규제에서 자유롭게 되면서 금리를 이전보다 낮추기도 합니다.

안정성도 나쁘지 않습니다. 국내 은행들은 매년 각 분기와 반기마다 경영실적을 발표하는데, 이때 우리는 안정성을 나타내는 대표적인 지표로 BIS(자기자본비율)를 보는 경우가 많습니다. 은행이 가진 총자본 중에서 금융비용(이자 등)을 지불하지 않고 은행이 자기 마음대로 쓸 수 있는 자본의 비율을 나타내는데, 통상적으로 8% 이상이면 건실한 은행으로 봅니다.

금융당국에서 발표하는 BIS 순위와 결과를 보면, 국내 지방은행들은 대개 BIS에서 국내 1금융권 은행 중 하위권에 랭크되어 있기는 하지만, 평균적으로 13~14% 정도의 비율을 기록해 금융당국에서 설정한 커트라인(10.5%)을 여유롭게 넘고 있습니다.

카카오뱅크와 케이뱅크로 대표되는 인터넷전문은행(11~12%)보다는 오히려 높습니다. 따라서 적어도 이들 은행이 망할 걱정은 안 해도 됩니다. 요즘 많이들 이용하는 카카오뱅크를 쓸 정도의 깡(?)이면 지방은행과 외국계은행을 이용해도 괜찮다는 말입니다.

그러면 1금융권의 마지노선인 지방은행과 외국계은행, 인터넷전문은행에서도 퇴짜를 맞는다면 정말 답이 없는 걸까요? 이때는 2금융권, 그중에서 상호금융사도 어느 정도는 고려해볼 만합니다. 지역농협, 축협과 수협, 신협, MG새마을금고 등의 협동조합과 저축은행이 대표적인 상호금융사입니다.

2금융권과 상호금융사에 대한 인식은 당연히 지방은행, 외국계은행보다도 훨씬 좋지 않습니다. 1금융권 은행들보다 규모도 작고 대출금리도 높은데, 한번 이용하는 순간 신용점수가 떨어지고 1금융권 이용에 불이익을 받는다는 점 때문입니다. 물론 틀린 말은 아닙니다. 지금도 2 금융권에서 대출상품을 실행하는 순간, 신용점수 800점(구 신용등급 기준 1~2등급)을 넘는 사람들도 신용점수가 눈에 띄게 떨어지는 것을 볼 수 있습니다.

저도 몇 년 전에 법원 경매로 3개월간 아파트 2채를 낙찰받고 신협의 경락잔금대출 상품을 실행했더니, 단기간에 규모가 큰 2금융권 대출을 2건이나 받았다며, 당시 800점대 후반(구 2등급)이었던 신용점수가 단기간에 600점대(구 6등급)까지 추락한 경험이 있습니다. 2금융권 대출은 아직도 주의해야 하는 것이 맞습니다. 되도록 안 받는 것이 제일 좋기는 합니다.

그런데도 2금융권이 어느 정도 매력이 있는 이유는 아무래도 돈을 융통하기가 1금융권 시중은행보다는 더 수월하다는 점에서일 것입니다. 2금융권은 금융위원회와 금융감독위원회가 아닌, 각 정부 부처로 소관 기관이 분산되어 있어서, 1금융권보다 금융당국의 일률적인 대출 규제를 적용하기 쉽지 않습니다. 금융당국도 1금융권과 달리 중저신용자를 주로 상대하는 2금융권의 사회적 역할을 어느 정도 인정해서, 1금융권 만큼의 빡빡한 규제를 바로 요구하지 않는 측면도 있고요. 그러다 보니 2022년 주요 상호금융사에서 적용하는 주요 대출지표를 보면, 정부의 규제로 이전보다 아주 빡빡해졌는데도 여전히 LTV 70%, DSR 110%를 적용하고 있습니다. 1금융권 시중은행에 비하면 여유롭기 짝

이 없습니다.

이게 어느 정도 느낌인가 하면, 프롤로그에 등장한 7년 차 교사 김민지 선생님의 연소득이 5,000만 원인데, 상호금융사의 도움을 받으면 서울시 마포구 디지털미디어시티에 있는 15억 5,000만 원짜리 아파트를 LTV 70%인 10억 8,500만 원 대출을 받아 구입하는 것이 가능하다는 말입니다(물론 실제로는 불가능할 가능성이 큽니다).

이렇게 되면 김민지 선생님이 1년간 갚아야 하는 원리금의 총합이 연봉을 훌쩍 뛰어넘는 5,400만 원(DSR 109.0%)에 달하는데도, 이런 대출이 승인을 받을 수 있다는 것입니다. 당장 아파트 잔금을 치를 돈이 몇천만 원 부족한데, 1금융권에서 내가 필요한 만큼 대출을 도저히 안 받아준다면 2금융권도 어느 정도는 고려해볼 만하다고 생각합니다.

또 필자처럼 세를 놓는 집이 있으면서 주택임대사업자로 등록한 분이 계신다면, 한시가 급한 자금이 필요할 때 2금융권의 사업자 대출을 받는 것도 생각해볼 수 있습니다. 상호금융사다 보니 조합원으로 가입해야만 실행할 수 있는네, 조합 가입비에 해딩하는 출자금을 수십만 원 정도 계좌에 예치해두면 대출을 받을 수 있습니다. 대출 한도도 1금융권보다 훨씬 넉넉하게 잡아주고(제가 가입해 있는 신협을 기준으로 현재 주택임대사업자로 등록된 주택을 담보로 KB시세의 80%에 지역별 방공제 금액만 적용한 돈을 대출해주는 경우를 봤습니다), 만기도 여유로운(3년 만기에 10년까지 연장 가능) 편입니다. 상환 방법도 만기일시상환을 지원해주기도 하고, 금리도 1금융권에 비해 크게 높지 않으니, 1금융권에서 해결하기에 자금 사정이 너무 빡빡하다면, 한 번쯤은 찾아가 보는 것도 크게 나쁘지 않을 것입니다.

물론 2금융권 이용이 1금융권보다 확실히 리스크가 있는 것은 맞습니다. 그러나 대출상환계획을 꼼꼼히 세워 1건의 연체도 없이 원리금을 꼬박꼬박 상환한다면, 2금융권에서 대출을 받아도 큰 문제는 없습니다(물론 그래도 캐피탈 회사나 저축은행은 좀 피할 필요가 있다고 생각합니다). 특히 대출금을 예정된 만기보다 빨리, 한꺼번에 상환한다면 신용점수를 800점대 이상으로 복구하는 데 큰 도움이 됩니다. 단기간에 경락잔금대출을 2건이나 받아 신용점수가 600점대(구 6등급)까지 떨어졌던 저도, 경매로 낙찰받은 아파트 중 1곳을 팔아 수익을 내고 대출금을 모두 갚았더니, 신용점수가 다시 크게 뛰어올랐습니다. 지금은 언제 그랬냐는 듯이 이전보다 신용점수가 더 올라 990점(구 1등급)이 넘는 신용점수를 유지하고 있습니다.

결론을 말씀드리겠습니다. 이전 글에서부터 계속 말씀드리는 것이지만, 가장 좋은 대출은 건실한 금융기관에서 내 수입과 경제 상황으로 감당할 수 있는 대출을 받는 것입니다. 그런 대출을 제공해주는 기관은 아무래도 금융당국의 규제를 직접, 강하게 받는 1금융권의 4대 시중은행일 수밖에 없습니다. 은행으로서 절대 손해를 보지 않고 당국의 규제에 걸리지 않는 만큼만 철저히 계산해 대출해주는 곳이기 때문입니다. 그러나 시중은행에서 대출을 거절당했다고 해서 마냥 낙심만 하고 있을 필요는 없습니다. 리스크를 감수하고 대출이 연체되지 않도록 잘 관리

할 자신만 있다면, 1금융권의 지방·외국계·인터넷은행과 비교적 건실
한 2금융권 기관의 문을 두드려보는 것도 충분히 고민해볼 만합니다.

# 숨겨진 꿀복지 혜택,
# 사내대출을 최대한 활용하라

　교사의 수입 수준이 전문직이나 대기업, 공기업 등 우리 사회의 고소득 직종과 비교할 때 훨씬 박봉이라고 낙담하는 선생님들이 많이 계십니다. 처음 발령을 받고도 10년은 지나야 세후 300만 원을 겨우 바라볼 수 있고, 교직에서 만 38년을 꽉 채워 근속한 근가 7호봉 평교사 선배님의 평소 월급이 세후 500만 원이 되지 않으니, 아주 많이 틀린 말도 아닐 것입니다.

　그러나 이런 교사에게 가뭄의 단비 같은 소식이 있으니, 복지혜택만큼은 여느 고소득 직종에 절대 밀리지 않는다는 것입니다. 제가 주변 지인이나 블라인드 앱을 통해 나름대로 조사해본 결과 그렇습니다.

　흔히들 교사의 대표적인 복지혜택으로 비교적 빠른 퇴근 시간과 방학을 떠올리시겠지만, 저는 교사의 진정한 꿀복지 혜택은 바로 사내대출이라고 생각합니다. 사내대출만큼은 교사가 우리 사회의 전 직종을 통틀어 상위권에 든다고 감히 자신할 수 있습니다. 다른 직종에 계신 독자분들도 자신의 직장에 사내대출이 있다면 놓치지 말아야 합니다.

사내대출의 가장 큰 장점은 요즘 같은 대출 빙하기 시대에 부족한 자금을 조달하는 창구와 대출의 선택지를 크게 늘려준다는 것입니다. 대출 한도 축소와 차주 단위 DSR의 본격 도입 등으로 일반인들이 1금융권에서 대출받기가 아주 힘들어지면서, 사내대출의 중요성과 영향력이 크게 높아졌습니다. 사내대출은 금융당국의 규제 대상인 금융권 대출이 아니기에, LTV와 DTI, DSR 등 각종 한도 규제에 포함되지 않고 대출 한도를 크게 가져갈 수 있습니다. 이른바 '영끌'에 이만한 게 없습니다. 또 직장의 여건에 따라 대출 한도도 금융권에 비해 넉넉하고 만기도 제법 길게 잡아줍니다. 금리도 저렴하고 상환 방법도 유리하게 해주는 경우가 많이 있습니다. 대출 빙하기를 살아가는 우리에게 단비와 같은 존재라고 할 수 있습니다. 이것을 우리가 몰라서도, 놓쳐서도 안 될 것입니다. 요즘은 사내대출 잘 나오는 직장과 직업에 종사하는 것이 스펙인 시대입니다.

특히나 교사의 사내대출이 강한 위력을 발휘하는 이유는 평균적인 근속 연수가 다른 직종에 비해 압도적으로 길다는 것입니다. 정년이 없다는 일부 전문직이나 정년이 교사와 비슷한 공무원, 공기업을 제외하고, 일반적인 사기업에 종사하는 사람들은 직장에서 퇴사하는 즉시 회사로부터 상환 요구를 받게 될 것입니다. 그러나 만 62세까지 웬만하면 퇴직할 일 없는 교사는 일반인들과 비교하면, 대출의 만기와 상환 방법을 훨씬 유리하게 가져갈 수 있기 때문에 교사의 사내대출이 강력하다는 것입니다.

크게 공무원연금공단과 한국교직원공제회로 나눌 수 있는 교사만의 사내대출 기회는 여느 고소득 직종과 비교할 때 앞섰으면 앞섰지, 절대 뒤처지지 않습니다. 특히 최대 7,000만 원의 대출이 가능한 공제회 일반대여의 경우 원하면 신규교사 기준으로 발령받은 지 약 40년이 지난 후 퇴직할 때까지 거치 기간을 연장하면서 원금상환을 미룰 수 있는데, 이것은 타 직종에서 쉽게 찾아보기 힘든 엄청난 복지혜택입니다.

교사의 높은 고용 안정성이라는 특징이 만들어낸 최고의 무기입니다. 다른 직종 사내대출에서도 결코 찾아볼 수 없습니다. 물론 최대 30~40년에 달하는 주택담보대출에 비해 고작⟨?⟩ 10~12년 정도에 불과한 만기상환 기간은 너무 짧은 게 아니냐며 푸념하는 선생님이 계실 수 있습니다. 하지만 이것도 상환계획을 잘 세워서 활용하면 가계경제에 미치는 부담을 줄이면서 현명하게 쓸 수 있습니다. 자세한 내용은 다음에서 설명하겠습니다.

사내대출, 절대 놓치지 마시기 바랍니다. 특히 다른 직종에 계신 독자분께서는 배우자 직장의 사내대출 조건을 빠짐없이, 자세히 분석하셔서, 가장 먼저 활용하시는 것이 좋습니다.

[주거래은행]
## 대출을 잘 받으려면 주거래은행이 유리하다?

사실 재테크, 투자를 다루는 책이나 유튜브를 보면 주거래은행을 하나 정하고, 그 은행으로 나의 웬만한 금융거래를 몰아두는 것이 유리하다는 이야기를 많이 듣게 됩니다. 그러다 보니 많은 사람들이 주거래은행을 정해두는 것이 좋다고 생각합니다. 주거래은행을 하나 정해두고 예적금과 대출금리에서 다른 고객에 비해 우대를 받아서, 금융소득(예적금이자 수입)을 늘리고 금융지출(대출이자비용)을 줄일 수 있다는 것인데요.

정말 그런지 판단하기 위해서는 먼저 '주거래은행'이 무엇인지 먼저 이해할 필요가 있습니다. 길거리를 지나가는 분을 아무나 붙잡고 "왜 그 은행이 선생님의 주거래은행이에요?"라고 물어보면 대개 이떤 디답이 나올까요? 십중팔구는 "아, 내가 그 은행에 계좌를 만든 지 오래되었거든. 한 15년 정도?"라고 대답하는 분들을 많이 보게 됩니다. 그렇다면 은행 측에서도 나와 거래를 오래 유지해왔다고, 나를 중요한 주거래 고객으로 인정을 해줄까요?

이를 알아보기 위해 가장 좋은 방법은 각 은행의 우대고객 인정 기준을 살펴보는 것입니다. 은행마다 우대고객을 나타내는 이름과 기준은 조금씩 다르지만, 대개 은행 인터넷뱅킹 홈페이지에 들어가서 검색창에 '우대고객서비스'라고 검색하면, 어떤 고객이 예적금과 대출에서 우대를 받을 수 있는지 파악할 수 있습니다.

| 금융사 | 항목 | 기준 | 점수 | 최고점수 |
|---|---|---|---|---|
| KB국민은행 | 총예금 평균잔액(평잔) | 입출금예금 평잔 | 10만 원당 10점 | 무제한 |
| | 총대출 평잔 | 대출 평잔 | 10만 원당 3점 | |
| | 외환거래실적 | 환전, 송금, 외화수표 매입 | 10만 원당 3점 | |
| | 주거래이체 | 급여 이체 (최근 3개월간 2개월 이상 이체할 경우) | 500점 | 500점 |
| | | 가맹점 이체 | 이체 시 500점 | 500점 |
| | | KB국민카드 결제 | 이체 시 200점 | 200점 |
| | | 공과금 및 아파트관리비 이체 | 이체 시 50점 | 50점 |
| | | 디지털 서비스 | KB스타뱅킹 이용 | 100점 |
| | 거래 기간 | 최초거래일 기준 당행 거래 연수 | 1년당 10점 | 300점 |
| KB증권 | 주식평가금액(예수금 포함) | | 10만 원당 2점 | 무제한 |
| KB손해보험 | 보장성보험(정상계약) 월납보험료 | | 10만 원당 100점 | |
| | 보험계약 대출 평잔 | | 10만 원당 3점 | |
| KB국민카드 | 신용구매 · 결제금액 | | 10만 원당 6점 | |
| | 체크카드 결제금액 | | 10만 원당 3점 | |
| KB생명보험 · 푸르덴셜생명 | 보장성 보험(정상계약) 총납입보험료(5년간) | | 10만 원당 6점 | 무제한 |
| | 저축성보험(정상계약) 총납입보험료(5년간) | | 10만 원당 2점 | |
| | 보험계약대출 평잔 | | 10만 원당 3점 | |

KB국민은행의 우대고객인 'KB스타클럽' 선정기준표

그러면 은행들은 어떤 고객을 좋아하고, 또 예적금과 대출에서 우대해줄까요? 앞의 선정기준표에 나와 있는 KB국민은행의 우대고객 선정

기준을 살펴보면 알 수 있습니다. 다른 은행들도 개별 점수에서는 조금 차이가 있지만 크게 다르지는 않으니, 유심히 지켜볼 필요가 있습니다.

당연한 이야기지만 은행과 '실적'이 많이 발생하는 고객을 좋아할 수밖에 없습니다. 그러면 '거래 기간이 길면 그만큼 거래횟수와 금액이 많을 테니, 당연히 거래 기간이 긴 고객이 주거래고객으로서 유리하다'라고 판단을 내릴 수 있을까요?

절대 아닙니다. 거래 기간 자체는 큰 메리트가 되지 못합니다. KB국민은행의 예를 들면, 거래 기간 점수는 1년을 거래해도 10점밖에 인정받지 못하고, 그마저도 최고점이 300점입니다. 그에 비해 은행 예금통장에 예적금을 예치해둔 고객은 10만 원당 1점으로 훨씬 후하게 대우해주고, 최고점의 한도도 없습니다. 예를 들어 겨우 1주일 전에 KB국민은행 통장을 처음 개설했더라도 2,000만 원의 예금을 예치해둔 고객이, 20년 전부터 KB국민은행에 통장을 뚫었지만, 아무런 거래도 없는 고객과 똑같은 대접(300점)을 받는다는 이야기입니다, 만약 1주일 전에 KB국민은행 계좌를 처음 개설한 고객이 이곳에서 3억 5,000만 원의 주택담보대출(10,500점)을 받고 있다면, 통장을 튼 지 15년이 된 고객(150점)을 가뿐하게 압도해버릴 수 있습니다.

즉, 내가 대출을 약정하면서 은행 직원으로부터 "저희 은행 신용카드를 한 달에 30만 원 이상 쓰시고, 급여 이체와 자동 이체, 관리비 이체를 설정해두시면 금리 우대해드릴게요"라는 말을 들었다면 괜한 이야기가 아닌 것입니다.

결론을 말씀드리면, 주거래은행은 '내가 은행 기준에서 많은 실적을 쌓을 수 있는 곳'이지, 단순히 '오래 거래한 곳'이 아니라는 사실을 알아야 합니다. 따라서 은행에서 대출을 조금이라도 유리하게 받고 싶다면, 단순히 '거래 기간'보다는 은행이 좋아하는 실적이 무엇인지 파악해서 그 실적을 충분히 쌓아두는 것이 우대를 받는 지름길입니다. 내가 학창시절 부모님이 통장을 뚫어주셨을 때부터 그 은행을 이용해왔다고 해서 좋은 것이 결코 아닙니다.

요즘은 '금융쇼핑', '대출쇼핑'의 시대입니다. 본문에서도 말씀드렸듯이 금융기관의 시야를 과감히 넓히고 부지런히 손품과 발품을 팔면서 나에게 유리한 대출상품을 고르는 것이 똑똑한 금융소비자의 자세라고 할 수 있겠습니다.

# CHAPTER 4

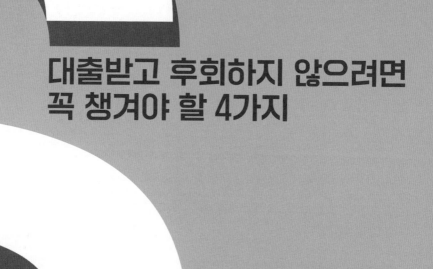

대출받고 후회하지 않으려면
꼭 챙겨야 할 4가지

# 낮은 대출 한도와 방공제, 대출의 빈틈을 미리 대비하고 철저히 메워라

대출을 상담하러 다녀오는 독자분들께서 흔히 하시는 말씀이 있지요. "네? 대출이 이것밖에 안 나온다고요? 난 돈이 더 필요한데…." 은행의 대출상품 광고 포스터만 봐서는 발견할 수 없는 변수가 여기저기에서 발견되는 것이 바로 대출입니다. 그냥 전화로 상담해서는 웬만해서는 바로 한도를 산출해주지 않아 직접 조퇴까지 내가며 은행에 찾아갔는데, 창구 직원 말로 대출이 생각보다 적게 나온다는 결과가 나오면 당연히 멘붕에 빠질 수밖에 없겠지요.

대표적인 예가 집을 매수하려고 주택담보대출을 신청할 때 '방공제' 또는 '방빼기'라고도 불리는 소액임차보증금 최우선변제입니다. 우리는 주택담보대출을 받을 때 정부와 금융당국에서 설정한 LTV 비율을 최대한 당겨서 빠짐없이 대출을 받을 수 있으리라 확신하기 쉽습니다. 그러나 실제로는 금융권에서 설정한 지역별 소액임차보증금 최우선변제액을 뺀 금액만을 대출해주겠다고 나오는 경우가 많습니다. 예를 들어 주택가격의 최대 50%까지 대출이 가능한 수도권의 조정대상지역에서 5억 원짜리 아파트를 매수하려고 대출을 알아보니, 실제로는 매매가의 50%인 2억 5,000만 원이 아니라 방공제를 하고 2억 1,300만 원만이 대출된다는 것입니다. 잔금을 치를 날은 다가오는데, 기대한 대출금액보다 3,700만 원이나(신규교사의 1년 치 세전 연봉을 뛰어넘는 금액입니다) 펑크가 나니 어떻게 해야 할까요?

사정을 들어보면 이렇습니다. 은행은 독자분들께 주택담보대출을 내주면서 여러 가지 경우의 수를 고려하는데, 가장 큰 리스크는 역시 차주가 대출 원리금을 제때 갚지 않는 것입니다. 그러면 은행은 집을 법원 경매로 넘겨 부동산을 처분하고 대출금을 회수하면 되지 않느냐고 물을 수 있겠지만, 그게 다가 아니지요. 은행이 경매에 넘긴 집이 알고 보니 차주가 실거주하는 것이 아니라 새로 임차인을 들여 세를 내주고 있었을 때, 임차인의 임대보증금 중 일부가 가장 먼저 보호를 받습니다. 그것이 바로 소액임차보증금 최우선변제라는 것입니다. 예를 들어 은행이 차주가 5억 원에 매수한 집에 2억 5,000만 원을 대출해주었더라도, 경매 절차가 끝나고 나면 임대차보증금 중 일부인 3,700만 원을 먼저 임차인에게 챙겨주고 2억 1,300만 원밖에 회수할 수 없는 것입니다. 은행이 차주에게 대출해준 3,700만 원은 돌려받을 길이 없는 것입니다.

은행은 이 리스크를 감수하기 싫어서 독자분들께 주택담보대출을 실행하려면 당국에서 정한 LTV 최대한도에 소액임차보증금 최우선변제액을 빼고 대출해주겠다고 나오는 것입니다. 선생님이 임차인을 들일 계획이 없더라도 마찬가지입니다. 한 푼이 아쉬운 독자분 입장에서는 답답할 노릇입니다.

다행히 은행들은 보증보험사와 연계해 MCI(모기지 신용보험)와 MCG(모기지 신용보증) 상품을 취급하고 있습니다. 둘 다 약간의 차이는 있지만, 보증보험사에서 나서 "우리가 한번 확인해보니 이 사람은 신원이 확실하고 신용에도 문제가 없어서, 나머지까지 대출해줘도 되겠는데요"라는 보증을 해주고, 모자라는 금액을 마저 대출을 해주는 것입니다. 대개 MCI는 보증에 필요한 보험료를 차주가 지출할 필요가 없지만, MCG는 대출액의 0.2% 정도를 차주가 매년 지불하는 것이 특징입니다. 은행 입장에서는 보증보험료를 부담하지 않아도 되는 MCG가 더 유리하므로, MCG를 선택할 경우 대출금리나 조건을 우대해주는 경우가 있습니다. 이렇게 해서 방공제를 해결하면 문제가 없습니다. 다만 지난 2021년에 정부와 금융당국이 대출 규제를 강화하면서 시중은행들이 MCI, MCG 취급을 잠시 중단했다가 재개한 적이 있습니다. 그러므로 '방공제를 당해도 보증보험사가 무조건 해결해줄 것이다'라는 기대는 하지 않는 것이 좋습니다.

교사의 대표적인 사내대출인 공무원연금공단과 교직원공제회에도 빈틈은 존재합니다. 보통 공무원연금공단의 최대한도인 7,000만 원과 교직원공제회의 최대한도인 1억 원을 모두 동원할 수 있다고 생각하는 선생님들이 많은데요. 이것도 생각보다 쉽지 않습니다. 먼저 공무원연금공단 대출의 경우 재원이 매우 한정적(매년 7,500억 원, 분기당 2,000억 원 수준)이기 때문에 분기당 대출을 받을 때마다 대출을 받으려는 전국의 공무원들이 몰려 클릭 전쟁이 벌어집니다. 저도 이번 1분기 대출이 필요해서 신청을 시도해봤는데 보기 좋게 실패했습니다.

더 큰 문제는 따로 있습니다. 공무원연금공단과 교직원공제회가 무보증으로 대출을 진행해주는 한도가 무척 빡빡하므로, 필요한 금액 중 무보증 대출액을 제외한 나머지는 서울보증보험의 보증보험(MCI)을 끼고 진행해야 합니다. 공무원연금공단은 매월 기여금으로 적립한 퇴직급여의 2분의 1만, 교직원공제회는 매월 월급에서 적립한 장기저축급여 전액에 대해서만 무보증으로 대출을 진행해줍니다. 그런데 서울보증보험의 보증 한도가 1억 원밖에 안 된다는 것이 문제입니다. 따라서 두 곳의 대출 중 조건이 자신에게 더 유리해서 무조건 전액을 대출받고 싶은 곳이 있으면, 보증 한도를 그쪽으로 먼저 몰아버리는 것이 유리합니다.

예를 들어 거치 기간을 퇴직 시까지 연장해주는 공제회 일반대여가 선생님에게 더욱 유리해서 공제회 일반대여 7,000만 원을 전액 받고 싶은데, 공제회에 적립된 장기저축급여가 500만 원밖에 안 된다고 가정해봅시다.

그러면 보증 한도 6,500만 원을 공제회로 몰아 계획대로 7,000만 원을 대출받고, 남은 보증 한도 3,500만 원은 공무원연금공단으로 몰아서 연금공단의 무보증 대출액과 합쳐 대출을 진행하면 됩니다.

# 다양한 상환 방법의 차이와 유불리를 이해하고 분석하라

우리나라의 금융기관들은 굉장히 다양한 대출상품을 운용하고 있지만, 실제로는 무이자 할부부터 만기일시상환까지 크게 5가지의 상환방식을 채택하고 있습니다. 대출을 잘 받는 핵심적인 방법은 이 상환방식의 차이를 올바르게 이해해서 어떤 상환방식이 내게 유리하고 불리한지 구분해내는 것이라고 할 수 있습니다. 그렇다면 지금부터 각 상환방식을 하나씩 살펴보도록 합시다. 이 5가지의 상환방식 중 3가지는 원금과 이자를 동시에 상환하고, 1가지는 이자 납부 의무가 아예 면제되며 나머지 1가지는 만기까지 원금상환 의무가 없는 것이 특징입니다.

| 구분 | 대출금액 (만 원) | 금리 | 한 달 원리금 상환 부담 (만 원) | 총이자비용 (만 원) | 비고 |
|---|---|---|---|---|---|
| 무이자 할부 | | 없음 | 83(원금만) | 0 | 이자 없이 원금만 상환 |
| 원금균등상환 (체감식 상환) | | | 108~84 | 1,512 | 한 달 원리금이 점점 줄어듦 |
| 원리금균등상환 | 10,000 | 3% | 97 | 1,587 | 한 달 원리금이 거의 같음 |
| 체증식 상환 | | | 25~175 | 2,042 | 한 달 원리금이 점점 늘어남 |
| 만기일시상환 | | | 25(이자만) | 3,000 | 매달 이자만 내다가 만기일에 원금을 마지막 달 이자와 함께 동시 상환 |

1억 원을 10년간 금리 3%로 대출받았을 때 대출조건 비교

무이자 할부는 말 그대로 대출만기까지 이자는 한 푼도 내지 않고 원금만 매달 균등하게 나눠 갚는 방식을 말합니다. 시중은행에서는 아예 취급하지 않고, 신용카드사에서 고객 유치를 위해 제한적인 경우에서만 활용되는 상환방식입니다. 할부도 어쨌든 신용카드사에서 제공하는 대출임을 잊으면 안 됩니다.

원금균등상환은 체감식 상환이라고도 하는데, 말 그대로 처음부터 대출만기까지 상환할 원금의 총액을 똑같이 나누어서 원금과 이자를 함께 납부하는 방식을 말합니다. 이 방식은 갚아야 할 원금과 이자의 액수가 직접 연동되기 때문에, 원금이 갈수록 줄어들면 그에 따라 이자도 함께 줄어드는 구조로 되어 있습니다.

원리금균등상환은 말 그대로 원금과 이자 상환총액을 똑같이 나눠,

첫 달부터 만기일까지 똑같은 액수의 원리금을 상환하는 방식을 말합니다. 물론 매달 똑같은 액수로 갚는 원금과 이자가 처음부터 끝까지 같은 비율을 유지하는 것은 아닙니다. 원금의 비율은 매달 늘어나는 반면 이자는 날이 갈수록 줄어드는 방식이 원리금균등상환입니다.

체증식 상환은 원금균등상환과 반대로 원리금 상환 부담이 갈수록 늘어나는 방식을 말합니다. 다른 상환방식에 비해 초기에는 원금의 상환속도를 늦춰 이자 부담도 줄이고, 결국 원리금 상환 부담 전체를 줄여버리는 방식입니다. 그러다가 조금씩 원금의 상환속도를 높여 이자 부담을 늘리고 결국 원리금 상환 부담을 조금씩 늘려가게 됩니다.

만기일시상환은 대출만기가 다가오기까지 평소에는 매달 대출원금에 대한 이자만 내며 대출을 유지하다가, 만기가 되어서야 원리금을 모두 갚을 수 있게 하는 상환방식을 말합니다. 앞서 3가지 방식과 달리 원금과 이자를 동시에 상환할 의무를 면제하는 방식입니다.

하나 더 이야기해보겠습니다. 거치는 대출을 실행하고 첫 달부터 원리금을 동시에 상환할 여유가 되지 않는 차주에 대해 원리금 상환을 일정 기간 유예하는 것을 말합니다. 거치 옵션을 실행한 차주는 그 기간에 원금을 상환할 의무는 잠시 면제되고 이자만 갚으면 됩니다.

그러면 어떤 사람들이 어떤 상환방식을 사용하면 좋을까요?

무이자 할부는 신용카드로 큰 액수의 돈을 일시금으로 결제하기는 힘들면서, 신용카드의 할부금리를 감당할 자신이 없는 사람들이 적극적으로 활용할 만한 방법입니다. 신용카드는 이자를 그대로 내고 할부를 진행하는 경우 금리가 연 15%가 넘을 정도로 꽤 고금리여서, 이런 이자 지급 의무를 면제해준다는 것은 신용카드를 활용하는 차주에게 대단한 장점이라고 할 수 있습니다. 특히 재산세나 자동차세 등의 지방세처럼 어차피 한 번은 꼭 내야 하는데, 한 번에 수십~수백만 원의 큰돈이 들 때는 무이자 할부로 납부하는 것이 대단히 권장되기도 합니다. 요즘에는 집을 구입할 때, 납부하는 취등록세를 신용카드로 납부할 때도 무이자 할부가 적용되는 경우가 있습니다. 세금을 내려고 대출까지 받기는 싫은 선생님들이 계신다면 적극적으로 고려해볼 만합니다. 다만 이런 혜택에 취해서 자신의 소비 욕구를 통제하지 못해 충동 소비를 유발하는 주범으로 꼽히기도 합니다.

원금균등상환은 원금과 이자를 함께 상환하는 방식 중에서는 만기까지 부담해야 하는 총이자비용이 가장 적은 상환방식입니다. 그러다 보니 만기를 꽉 채워 대출금을 상환할 계획을 세운 사람이 선택하면 좋습니다. 또 원리금 상환 부담이 대출 실행 초기에 가장 높고 갈수록 줄어드는 방식이기 때문에, 임금피크제를 적용한 직종에 종사하거나 은퇴를 앞둔 사람들에게 주로 권장할 만한 방식입니다. 교사 중에서는 당연히 정년퇴임을 앞둔 원로교사분들께 권장할 수 있습니다. 아무리 교사가 매월 받는 공무원연금 수령액이 국민연금에 비해 많다고는 해도 어쨌든 퇴임하고 나면 현직 교사 시절보다는 수입이 큰 폭으로 줄기 때문에, 한창 수입이 많은 현직 교사 시절에 원금을 많이 갚아두는 것이 이분들에게는 유리하기 때문입니다.

원리금균등상환은 원금균등상환보다 초기 원리금 상환 부담이 적다는 장점이 있습니다. 따라서 체증식 상환을 택할 수 없는 시중은행에서는 대출실행 초기에 차주가 느끼는 원리금 상환 부담을 줄이고, 자금 운용의 유연성을 높이고 싶을 때 선택하면 좋은 상환방식입니다. 원금과 이자를 함께 갚는 방식 중에서는 총이자비용이 체증식 상환 다음으로 많기 때문에 만기까지 대출을 유지하면 불리하지만, 중간에 집을 매도하거나 해서 대출을 조기에 상환한다면 원금 균등상환보다 원리금 상환 부담이 줄어드는 혜택을 누릴 수 있는 상환방식이기도 합니다.

체증식 상환은 원리금 상환 부담이 대출 실행 초기에 가장 적고 갈수록 늘어나는 방식이기 때문에, 다른 상환방식에 비해 수입이 적을 때 자금의 운용이 유연해진다는 장점이 있습니다. 특히 수입이 적은 젊은 교사들에게 주로 권장할 만한 방식입니다. 특히 호봉제가 적용되는 교사는 물가상승과 호봉 승급을 동시에 반영해 해마다 수입이 늘어나기 때문에, 원리금 상환 부담이 매달 늘어나도 충분히 견딜 만한 상환방식입니다. 총이자비용이 가장 높은 방식이기는 하지만, 만기까지 대출을 유지하지 않고 중간에 집을 매도하거나 해서 대출을 먼저 상환한다면 적은 원리금 상환 부담의 혜택을 가장 크게 누릴 수 있는 상환방식이기도 합니다.

만기일시상환은 큰 목돈을 모으기 유리한 경우에 권장되는 대출 상환방식입니다. 평소 월급 외에 적지 않은 상여금이나 성과급, 수당이 나오는 직종에서 활용할 수 있는 방식입니다. 교사도 물론 해당합니다. 성과급이다, 정근수당이다, 명절휴가비다 해서 2년 차인 10호봉 교사만 되어도 한 해 동안 최소 650만 원, 최대 800만 원에 달하는 목돈이 생기고, 퇴직을 코앞에 둔 39년 차 근가 7호봉 교사는 1년에 무려 1,740만 원이라는 목돈을 손에 쥘 수 있습니다. 이 돈을 값비싼 여행이나 소모적인 소비에 쓰지 않고 그대로 대출원금을 갚는 데 모두 투입할 수 있다면 적극적으로 권장하는 상환방식입니다. 단, 만기일시상환은 대출을 조기에 갚지 않을수록 이자가 복리로 늘어나기 때문에 빚을 빨리 갚지 않으면 원리금을 상환하기가 갈수록 어려워진다는 단점이 있습니다. 그래서 대출업무를 보는 은행의 대부계 직원들은 마이너스통장의 편리성에 함부로 취하지 말 것을 권하기도 합니다.

거치는 원금상환의무를 면제하기 때문에 그동안 목돈을 모아서 나중에 원리금을 갚아나가고 싶은 사람들이 쓰면 좋습니다. 특히 거치 기간을 사실상 퇴직 시까지로 무한 연장이 가능한 교직원공제회 일반대여 상품은 오랜 기간 원금을 상환할 능력이 없다면 활용하기 좋은 상품입니다. 그러나 거치 기간에 유예된 원금상환의무가 원리금 상환이 시작되면서 한꺼번에 찾아오기 때문에, 거치가 없을 때 비해 원리금 상환 부담이 높아진다는 단점이 있습니다.

# 내 집 마련의
# 시야를 넓혀라

대출을 알아볼 때 중요한 것은 시야를 넓히는 것입니다. 앞에서는 대출을 받을 수 있는 금융기관의 범위를 4대 시중은행에서 1금융권의 다른 은행들과 2금융권까지도 넓혀 보자고 말씀드렸는데, 이번에는 내 집 마련을 할 때 시야도 좀 더 넓혀 보라고 말씀드리고 싶습니다.

살기 좋은 곳에서 살고 싶은 것은 평범한 시민이라면, 당연히 가질 수 있는 꿈입니다. 사실 살기 좋은 곳의 기준은 사람마다 다양할 것입니다. 서울시나 광역시, 대도시에서의 '시티 라이프'가 좋으신 분들은 대도시에 있느냐가 내 집 마련의 최우선이고, 지하철이나 광역버스 같은 대중교통을 타고 다른 도시로 출퇴근하시는 분들은 역세권을 가장 먼저 고려할 것이고, 그 외에 학군이나 생활 인프라, 직주근접 등 여러 가지 요인들이 있을 것입니다.

사실 정답이 없는 문제이기 때문에 제가 뭐라 할 수 있는 문제가 아니긴 합니다. 그래도 노파심에 말씀드리는 것은 내 집 마련의 시야를 조금만 넓히면 안 되나 하는 것입니다. 서울시에 살고 싶었던 분이라면 과감하게 인접한 인천시와 경기도 지역도 알아보시고, 이른바 '도어투도어(Door to Door)' 기준으로도 편도 10분이 채 안 되는 출퇴근 거리를 만끽하셨던 분께서는 30분까지는 어떻게 늘려도 되지 않나 하는 생각이 듭니다. 내가 누리는 것과 원하는 것을 조금만 포기하면 경제적인 삶의 질이 크게 좋아지는 것을 볼 수 있습니다.

그런 점에서 서울시와 경기도 고양시의 경계를 따라 형성되어 있는 두 신도시, 서울 은평뉴타운과 고양 삼송지구의 경우를 예로 들어 살펴봅시다. 이곳에 가보시면 정말 길 하나 차이로 행정구역이 갈리고 신도시 두 개가 나란히 조성된 것을 볼 수 있는데요. 두 신도시의 매매가 차이도 거의 나지 않습니다. 이곳에서 매매가 10억 원에 32평 아파트를 구입한다고 생각하고, 대출 한도와 자금계획이 얼마나 차이가 나는지를 따져보는 것입니다.

은평뉴타운이 위치한 서울시 은평구는 투기지역으로 지정되어 있고 매수하려는 주택이 매매가 9억 원을 넘기 때문에 추가 규제를 받습니다. 9억 원 이내의 금액에 대해서는 LTV 40%, 9억 원 초과분에 대해서는 20%만 적용해 주택담보대출을 받을 수 있습니다. 또 은평뉴타운이 서울특별시에 속하기 때문에 방공제를 적용하면서 대출 한도가 4,000

만 원 추가 감액됩니다. 이렇게 되면 은평뉴타운의 10억 원 아파트를 매수하는 데 받을 수 있는 주택담보대출의 최대한도는 3억 4,600만 원입니다.

반면 삼송지구가 위치한 경기도 고양시는 조정대상지역으로 지정되어 있고, 매수하려는 주택이 매매가 9억 원을 넘기 때문에 추가 규제를 받습니다. 9억 원 이내의 금액에 대해서는 LTV 50%, 9억 원 초과분에 대해서는 30%를 적용해 주택담보대출을 해줍니다. 또 삼송지구가 고양시에 속하기 때문에 방 공제를 적용하면서 대출 한도를 3,400만 원만 추가 감액합니다. 이렇게 되면 삼송지구의 10억 원 아파트를 매수하는 데 받을 수 있는 대출은 주택담보대출의 최대한도는 4억 4,000만 원입니다.

어떤가요? 정말 길 하나 차이 나는 지역인데 어느 동네를 선택하느냐에 따라 대출 한도가 1억 원 가까이 차이가 나는 것을 볼 수 있습니다. 모자라는 1억 원의 한도를 교사의 능력으로 메우기에는 아주 버겁습니다. 물론 공무원연금공단 주택담보대출과 교직원공제회 최초대여, 일반대여로 조달하는 방법을 생각해볼 수 있지만, 이들 대출을 받으면서 부담해야 하는 원리금의 액수가 절대 만만하지 않다는 것이 문제입니다. 삼송지구에서 4억 4,000만 원을 30년 만기 3.2% 금리의 주택담보대출로 조달하면 한 달에 대출 원리금으로 190만 원 정도만 내면 됩니다. 그런데 은평뉴타운에서 3억 4,600만 원을 30년 만기 3.2% 금리의 주택담보대출로 받고 7,000만 원을 12년 만기 2.83% 금리의 공무원연금 주택담보대출, 2,400만 원을 10년 만기 교직원공제회 최초대여로 조달하면 한 달에만 총 230만 원의 원리금이 필요해져 원리금 상환 부담이 21%(40만 원)나 더 늘어납니다. 생활물가로 치면 한 달에 스타벅스 아메리카노 95잔, BBQ 후라이드치킨 15마리, 피자헛 치즈크러스트 피자 12판이 아무것도 안 하는데 공짜로 날아가는 셈입니다. 그런데 굳이 '서울시민'의 삶을 고집해야 할까요?

내 집 마련의 정답은 없습니다. 따라서 내가 책임질 수 있는 만큼 대출을 받아, 내 집을 마련한다면 누가 뭐라고 할까요? 그래도 우리 집 지갑 사정과 미래의 지출계획을 조금만 더 고려한다면, 내가 꿈꿨던 것보다 조금 타협할 줄도 알고 폭넓게 생각해보는 것이 내 집 마련의 진정한 왕도가 아닌가 생각합니다.

# 자신의 상황을 철저히 분석해
# 빈틈없는 상환계획을 세워라

국가공무원인 교사의 가장 큰 무기는 '철 밥통'으로 불리는 뛰어난 고용 안정성입니다. 내가 먼저 의원면직을 내거나 특별한 사고를 쳐서 중징계를 받지 않는 한, 교사의 고용은 국가에 의해 보장되고 만 62세 퇴직 시까지 안심하며 일할 수 있기 때문입니다. 요즘처럼 '평생직장'의 개념이 무너지고 고용이 불안정한 시대에 이것 역시 교사의 막강한 무기라고 할 수 있습니다. 다른 직종이라면 몰라도 교사는 이런 이유로 평생의 자금계획을 세우기가 훨씬 수월한 위치에 있습니다.

대출의 상환계획도 마찬가지입니다. 앞에서도 말씀드렸다시피 타 직종에 종사하시는 분들은 언제 퇴사나 실직할지도 모릅니다. 그리고 앞으로 인생에 존재하는 변수도 워낙 많기 때문에, 대출을 받아도 상환계획을 체계적으로 세우기 어렵습니다. 사내대출을 받았다가 퇴사가 임

박하면 허겁지겁 다른 곳에서 자금을 마련해 상환을 준비해야 하는 상황이 종종 발생합니다. 이런 분들은 자신에게 언제 어떤 일이 터질지 모르므로, 불안에 시달리며 전전긍긍하는 경우가 많지요. 하지만 특별한 일이 없는 한 62세 정년까지 직업과 직장을 유지할 수 있는 교사는 대출상환계획을 세우기가 훨씬 유리합니다. 이런 장점을 십분 활용해야 합니다.

그러면 교사가 자신의 특징을 살려서 효과적인 대출상환계획을 세우려면 어떻게 해야 할까요?

첫 번째는 대출의 규모는 커도 됩니다. 대신 절대 연체하지 말고, 목돈이 생기는 족족 꾸준히 상환합시다. 대출은 절대 나쁜 것이 아닙니다. 이전 글들에서도 설명해드렸지만, 내 경제적인 능력으로 감당 가능한 대출은 좋은 것입니다. 오히려 투자의 관점에서 생각해보면, 자신의 여윳돈만 활용하는 것보다 대출을 받아 레버리지를 일으키는 것이 자산을 더 효과적으로 불릴 수 있는 수단이므로 적극적으로 활용해야 합니다.

대신 중요한 것은 절대 연체하지 말아야 한다는 것입니다. 연체는 신용도의 하락은 물론이고, 다시 금융기관을 이용할 때 강력한 페널티를 불러오는 교사의 가장 큰 적입니다. 매달 부담하는 대출 원리금을 한 푼도 절대 밀리지 말고(핸드폰 알림 설정을 적극적으로 활용하고 원리금 상환 안내문자를 받도록 설정합시다), 보너스와 큰 목돈이 생길 때마다 한꺼번에 상환하는 것이 큰 도움이 됩니다. 신용점수를 산정하는 은행과 금융기관은 대출을 아예 사용하지 않는 것보다 큰 규모의 대출이라도 잘 사용하는 것을 좋아하는 것을 잊지 말아야 합니다.

특히 Chapter 2에서 살펴본 저의 사례처럼 2금융권에서 대출을 받았다고 하더라도 매달 내는 원리금을 잘 납부하면서 남는 대출금을 조기에 상환한다면, 오히려 1금융권 대출을 사용했을 때보다 더 큰 폭의 신용점수 상승을 경험할 수도 있습니다.

두 번째는 2금융권 이하에서 받은 대출상품이 있다면 최대한 빨리 상환하고 최소한 연체는 하지 말아야 합니다. 앞서 대출의 시야를 넓히자고 말씀드리면서 1금융권 기타 은행과 2금융권 상호금융사에서 대출을 받는 것을 설명해드린 적이 있습니다.

그러나 2금융권 대출은 기본적으로 신용도를 유지하는 데 있어서 불리한 점이 많습니다. 일단 대출을 실행하는 순간 1금융권에서 대출을 실행했을 때보다 신용점수가 훨씬 크게 떨어지는 것이 첫 번째이고, 아무리 개인마다 사정이 있다지만 한 달이라도 대출 원리금 납부를 연체하는 경우가 두 번째입니다. 만기에 다다랐을 때 남은 대출금을 상환하지 못하는 경우가 세 번째라고 할 수 있습니다. 연장이 안 된다면 이때에는 담보로 잡은 자산이 예외 없이 가압류, 경매 회부 또는 회수되는 등 큰 타격을 입게 됩니다.

2금융권 대출은 무조건 가장 먼저 갚아야 합니다. 목돈이 들어오거나 자산을 매도할 수 있다면 매도수익으로 하루빨리 갚아서 큰 폭의 신용도 하락을 방지해야 합니다.

세 번째는 신용대출과 마이너스통장을 상환하는 것입니다. 신용대출과 마이너스통장의 주요 특징은 첫 번째 상환 만기가 가장 짧고, 두 번째 금리가 다른 대출에 비해 높은 것이 특징입니다. 신용대출과 마이너스통장 둘 중에서는 마이너스통장의 금리가 더 높습니다. 이런 특징 때문에 최근 금융당국이 도입한 차주 단위 DSR 규제에서 가장 불리하게 작용하는 대출입니다.

앞에 등장하는 7년 차 교사 김민지 선생님을 예로 들어봅시다. 연소득 4,679만 원을 버는 김민지 선생님이 30년 만기의 주택담보대출과 7년 만기의 마이너스통장을 금리는 똑같이(3.2%) 1억 원 받는 상황을 가정해보겠습니다. 원리금을 30년에 나누어 균등상환하는 주택담보대출의 DSR은 기껏해야 11.1% 정도에 불과합니다. 하지만 평소 이자만 내다가 7년 안에 원금을 모두 상환해야 하는 마이너스통장을 들고 있으면 DSR이 49.6%까지 폭등하는 것을 볼 수 있습니다. 만약 김민지 선생님이 이렇게 마이너스통장을 계속 들고 있다가, 내 집을 마련하기 위해 주택담보대출을 알아보러 시중은행에 찾아가면 예외 없이 퇴짜를 맞을 것입니다. 금융당국과 은행의 대출 규제에 따라 DSR 40%가 넘을 때는 신규 주택담보대출을 제한하기 때문입니다.

따라서 처음에는 DSR 규제에 맞아 어찌어찌 신용대출이나 마이너스통장을 받았다고 하더라도, 앞으로의 계획상 추가로 다른 대출을 받을 일이 있다면, 가장 먼저 신용대출과 마이너스통장부터 상환하는 것이 좋습니다. 앞에서도 말씀드렸지만, 이들은 은행에서 제공하는 대출상품 중 DSR 규제에 가장 취약한 상품입니다. 오래 들고 있어 봐야 좋을 것이 없기 때문입니다. 특히 마이너스통장은 한도 대출이므로 한 푼도 쓰지 않고 있다고 하더라도 은행들이 공유하는 금융공동망에는 한도만큼의 대출을 받는 것으로 잡히기 때문에 오래 유지해서 좋을 것이 별로 없음을 명심해야 합니다.

네 번째는 타 직종에 종사하는 배우자의 사내대출을 하루빨리 상환해야 합니다. 앞에서도 말씀드렸듯이 사내대출은 요즘처럼 금융당국과 은행이 전방위적인 대출 규제를 가하는 시기에 이를 피할 수 있는 꿀 같은 복지혜택입니다. 그러나 사내대출의 가장 무서운 점은 역시 '재직 기간에만 유효하다'라는 점일 것입니다. 퇴직 또는 퇴사하는 즉시 직장에서 대출금을 모두 상환하라는 요구를 받게 됩니다.

만 62세가 정년인 교사라면 체감이 잘 안 되지만, 타 직종에 계시는 분들은 지금 다니는 직장에 오래 머물지 않고 이직하거나 아예 퇴직하는 경우가 매우 잦은 편입니다. 따라서 타 직종에 있는 배우자가 지금 직장에 잘 다니고 있고, 직장에서 보장하는 대출 만기도 많이 남았다고 해서 상환계획을 미뤄서는 안 됩니다. 되도록 상여금과 성과급 등 크게 생기는 목돈을 탈탈 털어서 하루빨리 상환하는 것이 좋습니다. 만약 그것이 어렵다면 금융기관 대출로 대체상환할 수 있도록 미리 준비해야 할 것입니다.

다섯 번째는 중도상환수수료가 없는 대출을 먼저 상환합시다. 2금융권 대출과 마이너스통장, 사내대출을 차례대로 상환한 후 교사가 중요하게 챙겨야 할 것은 남은 대출에 중도상환수수료가 존재하는지의 여부입니다.

우선 중도상환수수료가 왜 존재하는지 그 이유를 알 필요가 있습니다. 중도상환수수료는 대출을 만기보다 조기에 상환한 고객에게 은행이 부과하는 일종의 '벌금'입니다. 대출금을 조기에 상환하면 신용점수 산정에도 유리한데 왜 벌금이냐고 물어보실 수 있겠습니다. 대출금을 조기에 상환하면 차주에게나 유리한 것이지, 은행에는 좋은 상황이 결코 아닙니다. 예금과 대출이자의 차이(예대마진)를 주된 수익으로 삼는 은행이 차주에게 대출을 내줄 수 있는 것은 그만큼 예금을 한 고객이 있었기 때문입니다. 은행은 예금고객에게 이자를 내주는 대신 대출고객에게 더 높은 금리의 이자를 받아 수익을 창출하는 것입니다. 그런데 차주가 대출을 만기보다 빨리 상환해버리면, 은행 입장에서는 차주로부터 이자수익은 끊기는데 예금고객에게 이자를 계속해서 지급해야 하니 당혹스러울 수밖에 없는 것입니다. 그래서 통상 상환금액의 1~2% 사이의 범위에서(보통 1.4%) 중도상환수수료를 물리는 것입니다.

그런데 이 중도상환수수료가 생각보다 장난이 아닙니다. 몇백~몇천만 원만 빌려도 수만~수십만 원의 수수료를 내야 하니 아까운데, 주택담보대출 같은 몇억 원대의 대출을 실행했다가 조기에 상환하는 경우 내야 하는 중도상환수수료는 무려 수백만 원에 달합니다. 예를 들어 3억 원의 주택담보대출금을 3년 이내에 중도상환하면 420만 원, 5억 원의 주택담보대출금을 중도상환하면 700만 원의 수수료를 냅니다. 교사 한 사람이 1년에 받는 보너스를 몽땅 때려 넣어도 될까 말까 한 액수이고, 당장 여윳돈이 없으면 수수료를 내기 위해 대출을 또 받아야 하는 상황이 생길 수도 있습니다.

그래서 주택담보대출과 신용대출, 사내대출을 모두 '영끌'해서 집을 산 선생님의 경우 신용대출과 사내대출부터 먼저 갚으라고 말씀드리는 이유가 여기에도 있습니다. 당장 DSR에 취약한 대출을 갚는 의미도 있지만, 이들 대출은 일단 중도상환수수료가 없는 경우가 많기 때문입니다. 또 신용대출과 사내대출을 갚는 동안 다른 대출의 중도상환수수료가 면제되는 시간(통상 대출실행 3년 후)을 버는 의미도 있습니다.

마지막으로 장기간(15년 이상)에 걸쳐 원리금을 균등상환하는 상품은 가장 후순위로 미뤄도 괜찮다는 것입니다. 앞에서 말씀드린 대출들을 모두 갚은 후에 장기간에 걸쳐 대출금을 균등상환하는 상품은 가장 마지막으로 미뤄서 갚으면 됩니다. 사실 만기를 15년 이상으로 미뤄 원리금을 갚게 한다는 것 자체가 차주에게는 큰 메리트입니다. 따라서 그 메리트를 누리는 것도 어느 정도는 필요합니다. 일단은 매달 월급에서 이런 상품들의 대출 원리금을 꾸준히 갚고 있다가 목돈이 생길 때마다 한꺼번에 갚아나가면, 예정된 만기보다 대출금을 빨리 갚으면서도 중도상환수수료를 내지 않는 일거양득의 상황을 만끽할 수 있습니다.

# 차주 단위 DSR 규제에서 상시소득인정 제도를 주목하라

기존의 DTI를 대체할 차주 단위 DSR이 도입되면서, 상환능력을 나타내는 지표로써 차주의 연소득이 차지하는 비중이 더욱 높아졌습니다. 앞의 PLUS TIP에서도 언급했다시피, 연소득이 얼마로 계산되느냐에 따라 대출 한도가 크게 달라지기 때문입니다.

그런데 이렇게 차주 단위 DSR이 도입되면 선의의 피해를 보는 사람이 발생할 수밖에 없습니다. 직장에 꾸준히 다니기만 하면 큰 변동 없이 일정한 수입이 계속 들어오는 교사나 공무원, 정규직 직장인들과는 달리, 소득의 변동성이 크고 불안정한 사람들 입장에서는 불이익을 받게 될 것입니다. 에를 들면 재직기간이 짧거나 단기간에 연소득이 많이 오른 사람, 육아나 갖가지 문제로 휴직했던 직장인이나 자영업자 등이 해당할 것입니다.

차주 단위 DSR에서 개인의 연소득을 어떻게 계산하는지 알려면, 먼저 2017년 11월에 발표된 '신DTI' 규제를 이해해야 합니다. 현행 차주 단위 DSR 규제에서 개인의 연소득과 DSR 지수를 계산하는 방법으로 준용되고 있기 때문입니다. 당시 금융위원회에서 발표했던 보도자료 원문 그대로, 한번 내용을 살펴볼까요? '신DTI 도입 방안-소득 산정 방식' 부분에서 따왔습니다.

- 1년 치 소득만 확인하던 기존 방식에서 벗어나, 최근 2년간 증빙 소득을 확인해 소득의 안정성 고려

  - 차주의 2년간 소득을 확인한 후, 최근 1개년 소득을 반영

  - **2개년 소득의 차이가 큰**(±20%) **경우에는 소득을 평균해 반영**

    **다만, 차주가 증가한 소득이 지속가능성을 가진 상시소득**(예 : 승진)**임을 입증하는 경우에는 최근 소득으로 반영 가능**

- 차주가 1년 미만의 증빙 소득만 있는 경우에는 1년 소득으로 환산한 후 일정 비율(△10%)을 차감해 반영

  - **다만, 휴직 등 불가피한 사유로 1년 치 증빙 소득이 없고, 소득이 지속할 것임을 입증**(예 : 재직증명서)**할 경우, 차감 미적용**

- 연령 제한 없이 '2년간 근로소득 증빙자료를 제출한 차주'의 장래소득 증가가 예상되는 경우에는 증가분 반영

  - 금융회사가 자율적으로 통계 정보 등을 활용한 장래소득 인정 기준을 마련하고, 소득 증액 한도 비율을 설정

    * 차주별 연소득 및 실제 상환 부담 정도를 감안해 소득인정기준 내에서 증액 한도를 자율적으로 설정

  - '만기 10년 이상 비거치식 분할 상환 대출'만 장래 예상소득 증가분 반영

가능

- 증빙소득 제출이 어려운 예외적인 경우에는 인정·신고소득을 활용할 수 있도록 허용하되, 추정소득의 일부분을 차감 반영

  - 인정소득은 95%, 신고소득은 90%만 반영하고, 일정한 소득반영 한도 적용(예 : 5,000만 원)

- 연소득은 차주 본인을 기준으로 하되, 배우자의 주택담보대출이 없는 경우에는 배우자 소득을 합산해 산정 가능(현행과 동일)

  - 배우자의 소득을 합산할 경우, DTI 산정 시 반영하는 '기타 부채의 이자'에 배우자 명의 대출을 포함

  - 배우자가 2년 치 근로소득 증빙자료를 제출하는 경우에는 배우자의 장래 예상소득 증가분도 반영 가능

지난 2017년 11월 금융위원회에서 발표한 신DTI 도입 방안의 '소득 산정 방식' 부분

보도자료 첫 번째 항목을 먼저 살펴봅시다. 은행은 대출을 받으려는 개인의 1년 치가 아닌 2년 치 소득을 확인한다고 되어 있습니다. 특히 2개년 소득의 차이가 큰(±20%) 경우에는 2년간 소득을 평균해 반영한다고 되어 있습니다. 앞에서도 말씀드렸다시피 중간에 육아휴직을 했던 직장인들은 최근 2년간 육아휴직으로 소득이 줄어든 적이 있다면, 복직 후 최근 1년간 소득만 반영할 때에 비해 대출 한도에서 크게 손해를 볼 것입니다. 소득이 많이 늘어난 지 얼마 안 되는 사람도 최근 1년 치만 반영했으면 오른 소득 그대로 대출 한도에 반영되었겠지만, 2년 치 소

득을 보므로 소득이 늘기 전 자료까지 반영되어 역시 대출 한도에서 크게 손해를 봅니다. 이렇게 되면 당연히 육아휴직을 했던 직장인이나 단기간에 소득이 많이 늘어난 분들은 당연히 불만이 커질 수밖에 없습니다. 소득의 불안정성이 높은 자영업자도 마찬가지겠죠?

| 차주의 종류 | 2년 전 연봉 | 1년 전 연봉 | 2년간 연봉 평균 | 주택담보대출 최대한도 | 상시소득인정 (만 원) | 주택담보대출 최대한도 (만 원) |
|---|---|---|---|---|---|---|
| 육아휴직자 | 5,000 만 원 | 8,000 만 원 | 6,500 만 원 | 5억 원 | 8,000 만 원 | 6억 1,500 만 원 |
| 연봉상승자 | | | | | | |

최근 2년간 연소득이 크게 차이나는 사람이 상시소득인정을 받았을 때의 주택담보대출 최대한도 차이
(주택담보대출은 30년간 금리 3.2% 원리금균등상환방식으로 가정)

하지만 우리는 보도자료 첫 번째 항목의 두 번째 내용도 눈여겨볼 필요가 있습니다. 여기에 보면 차주의 증가한 소득이 지속가능성을 가진 상시소득임을 입증하는 경우에는 연소득과 대출 한도의 감액 없이 최근 소득을 반영한다고 되어 있습니다. 또 휴직 등의 사유로 1년 치 증빙 소득이 없고, 역시 소득이 지속할 것임을 입증할 수 있다면 연소득과 대출 한도의 감액 없이 최근 소득을 반영한답니다. 원래 처음 신DTI가 발표될 때는 없었던 부분인데, 앞의 내용으로 크게 손해 보는 분들의 불만이 높아지자 보완책으로 추가된 것입니다. 바로 이게 '상시소득인정'이라는 제도입니다.

상시소득인정의 내용을 요약하면, 내가 이 일을 계속함으로써 꾸준한 수입이 창출될 수 있다는 점을 입증할 수 있다면 은행 인정 연소득과 대

출 한도에서 손해를 보지 않는다는 것입니다. 그런데 앞서 나온 금융위원회 보도자료에는 그 입증 방법이 나와 있지 않은데요. 우리는 한국주택금융공사에서 실시하는 정책대출 '보금자리론'의 업무처리기준을 참고함으로써 힌트를 얻을 수 있습니다. 웬만한 은행의 주택담보대출 심사가 이 기준을 준용하기 때문입니다. 여기에는 다음의 서류를 제출하면 대출받으려는 개인의 상시소득으로 인정해준다고 되어 있습니다.

- **근로자** : 건강보험자격득실확인서, 재직증명서 등
- **자영업자** : 사업장의 임대차계약서(자가건물은 등기부등본), 고용계약서 등
- **연금소득자** : 연금증서, 연금수급권자확인서 등 지속적인 연금지급 입증 서류
- **기타 소득** : 고용계약서 등(원칙적으로는 상시소득으로 인정되지 않으나, 근로소득과 유사한 성격의 기타 소득임을 입증하는 경우에 한함)

은행에서 상시소득인정을 받고자 할 때 필요한 서류

물론 실제로 은행을 가보면 주택금융공사의 기준을 100% 따라 대출 심사를 진행하지는 않는다는 것을 알 수 있습니다. 은행마다 조금은 다른 부분이 존재할 수 있습니다. 그러나 중요한 것은 만약 자신이 최근 2년간 평소보다 수입이 눈에 띄게 늘어나거나 줄어든 부분이 있다면, 반드시 은행에 상시소득인정이 가능한지, 아닌지를 물어봐야 한다는 것입니다. 내가 받을 수 있는 대출 한도를 한 푼이라도 늘리기 위해서입니다.

# CHAPTER 5

대출을 활용해
자산을 불릴 수 있다면?

# 돈을 빠르게 굴리고 싶다면,
# 헤지 투자, 레버리지 투자!

　월급쟁이로 살다 보면 생기는 고민 중 하나가 '어떻게 하면 돈을 빠르게 굴릴 수 있을 것인가'일 것입니다.

　의사나 이른바 '8대 전문직'에 계신 분들은 한 달에 생활비를 부족함 없이 써도 한 달에 1,000만 원이 넘는 돈이 남기 때문에 1년에 억대의 돈을 모으기가 상대적으로 수월한 편인데, 교사나 공무원, 평범한 월급쟁이의 특성상 그런 큰돈을 모으기가 쉽지 않지요. 40년을 빠짐없이 봉직한 교사, 공무원 선배님들(입직 당시 7급 이상 기준)의 세후 월급이 500만 원을 겨우 넘는 수준이니 말 다 했지요. 일반기업에 계신 분들도 크게 다르지 않을 것입니다. 정말 월급쟁이의 '유리지갑'으로 큰돈을 어떻게 모을 수 있을지 한숨만 나오지요.

특히 필자와 같은 2030세대에 속한 분들의 이야기를 들어보면, 한 달에 아무리 고정지출을 줄이고 허리를 졸라매도 모이는 돈이 100만 원 남짓입니다. 사실 100만 원 저축이라도 할 수 있으면 사정이 나은 편에 속합니다. 이러니 한 달 급여 이외에 비정기적으로 받는 보너스 및 수당까지 온전히 저축해도 1년에 2,000만 원 될까 말까 한 돈이 모일 수밖에 없고, 이 돈으로는 하늘을 뚫고 올라가는 전국의 집값 상승 폭을 따라가기도 벅찬 수준일 것입니다.

최근 KB부동산 리브온이 발표한 월간 주택 시장 동향에 따르면, 평범한 월급쟁이가 자신의 월급을 한 푼도 안 쓰고 서울시의 평균적인 아파트를 매수할 돈을 모으는 데 걸리는 시간(PIR 지수)은 지난 2021년 9월 기준으로 17.6년으로 집계되었다고 합니다. 이것은 어디까지나 '평범한' 월급쟁이 기준이므로, 평균 이하의 소득을 받는 2030세대는 이보다 1.5~2배의 시간을 더 투자해야 서울시에 내 집을 마련할 수 있겠지요.

또 이 조사결과는 어디까지나 월급을 꼬박 집값 모으는 데 투자한 다고 가정하고 내린 결론이므로, 한 달에 100만 원 저축하기도 벅찬 2030세대 월급쟁이에게 서울시 아파트는 사실상 '그림의 떡'이라고 볼 수 있습니다. '이생망(이번 생은 망했어)'이라는 말이 괜히 나오는 게 아닌 셈이지요.

그래서 필자가 내린 결론은, 우리 같은 돈 없는 사람들일수록 더욱 절실하게 헤지 투자, 레버리지 투자를 생각해보자는 것입니다.

먼저 헤지 투자를 이야기해봅시다. 사실 '헤지 투자'라는 말은 현실에 정말 존재하는 말은 아니고, 필자가 이 책을 통해 만들어낸 말입니다. 영어단어 '헤지(Hedge)'는 우리말로 옮기면 명사로 가장 대표적인 '울타리' 외에 '(금전의 손실을 막기 위한) 대비책'이라는 뜻이 있는데요. 주로 주식이나 선물, 파생상품에 투자하는 사람들이 가격 변동이나 환율변동 등으로 투자 이익이 줄어드는 것을 최소화하기 위해, 자신의 투자와 반대되는 포지션의 투자 결정을 내리는 것을 '헤지'라고 부르는 것에서 착안했습니다. 제가 말하는 '헤지 투자'란, 내가 지불하는 금융비용(시간, 이자 등)을 최소화하기 위해 반대로 투자 수익을 발생시키는 투자 방법을 의미합니다. 자세한 내용은 다음 장에서 설명하겠습니다.

레버리지 투자는 많이 들어보셨을 것입니다. 무엇인가에 투자하기에 내 자금이 너무나 부족할 때 쓰는 방법으로, '영끌'이라는 신조어가 레버리지 투자와 관련이 깊습니다. 즉, 과감히 남의 돈(대출금)을 지렛대(레버리지)로 삼아 투자금의 규모를 키워서, 내 돈만 투입했을 때보다 더 높은 수익률을 추구하는 투자 행위를 레버리지 투자라고 합니다. 앞서 필자의 부모님이 투자금 부족과 아쉬운 수익 규모에 고민했던 저에게 설명해주신 방법이 바로 레버리지 투자였습니다. 레버리지 투자 역시 자세한 내용은 다음에서 설명하겠습니다.

헤지 투자와 레버리지 투자를 잘 활용한다면, 내 돈만 투입해서 투자를 실행할 때보다 투자의 수익률을 크게 높여서 적은 노력만 가지고도

보다 큰 수익을 추구할 수 있게 됩니다. 필자는 이 자리를 통해 독자 여러분께 헤지 투자와 레버리지 투자를 강력하게 권해드리고 싶습니다.

# 은행 이자가 너무 아깝다면
# 헤지 투자에 도전하라

　내가 한 달에 쓰는 돈 중에서 가장 아깝고 내기 싫은 돈은 무엇일까요? 아마 나라에 내는 세금과 은행에 내는 이자일 것입니다. 그나마 세금은 요즘 다양한 법과 복지제도가 발달하면서 나라로부터 혜택을 받으면 뭔가 돌려받는 기분이라도 들지만, 이자는 돈을 빌렸다는 이유 하나만으로 은행에 '공돈'을 바쳐야 하는 것처럼 느껴집니다. 잠시나마 나를 즐겁게 해주는 스타벅스 커피 한 잔과 케이크 한 조각에 들어가는 만 원은 아깝지 않지만, 은행에 내는 한 달 이자 만 원은 너무나 아깝게 느껴지는 것이 사람 마음이지요.

　그렇다면 이놈의 은행 이자를 조금이라도 줄일 방법은 없는 걸까요? 물론 최근 대출 규제가 강화되면서 금융소비자들에게 무기가 하나 생겼습니다. 승진해서 월급이 오르거나 집값이 올라서 재산이 많아지는 등 내 재정 상황이 좋아졌을 때, 은행에 금리를 깎아달라고 말할 수 있는 '금리인하요구권' 제도가 생긴 것입니다. 이 제도는 정말 좋은 제도고, 활용하면 분명히 도움이 되는 것도 맞습니다. 하지만 금융소비자가 아무리 금리인하요구권을 사용해도 은행에서는 웬만하면 잘 안 받아주려고 합니다. 받아주더라도 인하의 폭이 그다지 만족스럽지 못하다는 점을 감안한다면, 이제 우리는 다른 방법도 고민해 볼 때가 되었습니다.

이에 대한 필자의 아이디어는 '헤지 투자'를 한번 시도해보자는 것입니다. 앞에서 말씀드렸다시피 '헤지 투자'는 내가 지불하는 금융비용을 최소화하기 위해 반대로 투자 수익을 발생시키는 투자 방법이라고 말씀드렸습니다. 쉽게 말씀드리면 내가 은행에 내는 이자비용을 다른 곳에 투자하고 들어오는 수입으로 상쇄하자는 것입니다. 아직도 이해가 되지 않으실까요?

그렇다면 실제 사례를 가지고 설명해드리도록 하겠습니다.

한 달에 200만 원(세후)의 월급을 받는 직장인 소준범 씨는 그동안 모은 현금 1억 원의 자산을 가지고 전세금 2억 5,000만 원짜리 빌라에 입주해서 살고자 합니다. 금리 4%의 전세자금을 대출받으면 대개 원금상환의무를 지지 않고 전세계약만기까지 이자만 내면 되지만, 소준범 씨는 은행에 내는 이자가 너무 아까워 이자를 줄이는 방법을 찾아보고 싶습니다. 어떻게 하면 소준범 씨가 내는 이자를 조금이라도 줄여볼 수 있을까요?

만약 평범한 분들이라면 소준범 씨의 상황에서 모자라는 전세금 1억 5,000만 원만 대출을 받아서 이자를 내면 된다고 생각하실 것입니다. 이 경우 소준범 씨가 한 달에 내는 이자는 50만 원 정도입니다. 한 달 이자가 50만 원이면 괜찮은 수준 아니냐고 말할 수도 있겠지만, 소준범 씨의 한 달 생활비가 고정적으로 100~120만 원 정도 들어간다고 가정하면, 그는 이 집에 살면서 한 달에 겨우 30~50만 원밖에 저축하지 못합니다. 소준범 씨의 직장에서 따로 지급하는 보너스나 수당 같은 것이 없다면 1년에 고작 400~600만 원 저축하게 되는 셈입니다.

그러나 '헤지 투자'의 관점에서 생각을 바꿔서, 이런 가정을 해보면 어떨까요? 소준범 씨가 전셋집에 투입하는 돈의 비중을 줄여서, 현금은 5,000만 원만 투입하고 나머지 2억 원은 전세자금을 대출받는다고 생각해봅시다. 이 경우 한 달 이자는 50만 원이 아닌 67만 원으로 늘어나게 될 것입니다. 그러나 소준범 씨가 남은 5,000만 원의 자금으로 매매가 5,000만 원짜리 빌라 2채를 매수해서 월세를 받는다면 어떻게 될까요? 다음의 표를 보며 차이를 생각해봅시다.

| 방안 | 1안(평범한 사람들의 방식) | | 2안(헤지 투자) | |
|---|---|---|---|---|
| 방법 | • 현금 1억 원을 몽땅 전세금에 투입해 모자라는 1억 5,000만 원만 금리 4% 2년간 만기일시상환방식의 전세자금을 대출받음 | | • 현금 1억 원 중 5,000만 원만 전세금에 투입해 모자라는 2억 원을 금리 4% 2년간 만기일시상환방식의 전세자금대출로 받음<br>• 나머지 현금 5,000만 원으로는 금리 3.5%, 30년간 원리금 균등상환방식의 주택담보대출 5,000만 원을 받아 매매가 5,000만 원짜리 빌라 2채를 매수해서 보증금 1,000만 원에 월세 40만 원을 받는 계약을 체결함<br>• 세입자의 보증금 1,000만 원씩, 총 2,000만 원을 회수해서 주택담보대출을 상환하면 소준범 씨의 실투자금은 3,000만 원 | |
| 금융비용 | 전세자금대출 이자 | 월 50만 원 | 전세자금대출 이자 | 월 67만 원 |
| | | | 주택담보대출 이자 | 월 14만 원 |
| | | | 총금융비용 | 월 81만 원 |
| 투자 수익 | 없음 | | 월 80만 원(월 40만 원 × 빌라 2채)<br>빌라 매도 시 시세차익은 별도 | |
| 실제 금융비용 | 월 50만 원 | | 월 1만 원 | |

식장인 소준범 씨기 전세자금대출 원리금을 월세 수입으로 헤지할 때와
그러지 않았을 때 금융비용의 차이

평범한 사람들의 생각(1안)대로라면 소준범 씨는 은행에 지불해야 할 이자를 한 달에 50만 원씩 꼬박꼬박 지불하는 데 그칠 것입니다.

그러나 만약 헤지 투자(2안)의 관점에서 생각해본다면 어떨까요? 소준범 씨는 현금과 레버리지의 비중을 적절하게 조절함으로써 실제 이

자 부담을 매우 큰 폭으로 줄이는 데 성공했습니다. 1안과 마찬가지로 금리 4%의 전세자금대출 이자는 꼬박꼬박 내지만, 연수익률이 13.2%나 되는 고수익 투자 상품을 함께 찾아낸 덕분에 이자비용의 규모를 크게 줄인 것입니다. 소준범 씨는 이 덕분에 한 달에 30~50만 원이 아닌 80~100만 원에 가까운 돈을 저축할 수 있고, 1년으로 따지면 1,000~1,200만 원에 가까운 돈을 저축할 수 있게 됩니다. 느낌이 확 다르지요?

이것이 바로 헤지 투자입니다. 이왕 대출을 받는다면 대출금과 현금(내 돈)의 비중을 결정할 때 내 자산증식에 도움이 되지 않는 돈, 이른바 '묶인 돈'의 비중은 최소화하고, 나에게 수익을 가져다주는 돈의 비중을 높이는 것이 헤지 투자의 핵심입니다. 이 방법을 실천하기 위해 소준범 씨는 전세자금대출을 최대한도(전세보증금의 80%)인 2억 원까지 받고 모자라는 돈만 자신의 현금자산에서 꺼내 전세금에 투입한 것입니다. 내게 아무런 수익을 안겨주지 못하는 '묶인 돈'은 5,000만 원으로 최소화하고, 나에게 수익을 가져다주는 돈의 비중을 최대한 높게 가져간 것입니다. 필자가 개인적으로 존경하는 국내 주식 투자의 현인인 박영옥 스마트인컴 대표이사의 표현을 빌리면, '돈도 일하게 해야' 합니다.

물론 지금은 부동산 및 대출 규제가 강화되어 소준범 씨와 같은 방법을 활용하지 못하게 되었습니다. 전세자금을 대출받은 차주가 주택을 매수하면 이전에 받은 전세자금대출이 모두 회수되기 때문입니다.

그럴 때는 다른 상품으로 관심을 돌릴 수 있습니다. 대표적인 녀석을 꼽자면 상대적으로 시세의 변동성은 낮으면서 짭짤한 배당금 수익을 노릴 수 있는 고배당주 투자가 있습니다.

만약 소준범 씨가 현금 1억 원을 모두 전세금에 투입하는 대신, 그중 일부인 5,000만 원을 연수익률 7%에 달하는 고배당주에 투자한다면 어떤 결과가 나올까요? 한번 살펴보도록 합시다.

| 방안 | 1안(평범한 사람들의 생각) | | 2안(헤지 투자) | |
|---|---|---|---|---|
| 방법 | • 현금 1억 원을 몽땅 전세금에 투입해서 모자라는 1억 5,000만 원만 금리 4% 2년간 만기일시상환방식의 전세자금을 대출받음 | | • 현금 1억 원 중 5,000만 원만 전세금에 투입해서 모자라는 2억 원을 금리 4% 2년간 만기일시상환방식의 전세자금대출로 받음<br>• 나머지 현금 5,000만 원으로는 배당수익률 연 7%의 주식을 주당 1만 원에 5천 주 매수함<br>• 국내 주식 기준으로 배당금은 연 1회 받게 되는데, 여기에 배당소득세(배당액 2,000만 원 이하 15.4%)를 공제한 금액이 소준범 씨의 최종 수익이 됨 | |
| 금융비용 | 전세자금대출 이자 | 월 50만 원 | 전세자금대출 이자 | 월 67만 원 |
| | | | 배당소득세 | 월 4만 원 |
| | | | 총금융비용 | 월 71만 원 |
| 투자 수익 | 없음 | | 월 29만 원<br>주식 매도 시 시세차익은 별도 | |
| 실제 금융비용 | 월 50만 원 | | 월 42만 원 | |

직장인 소준범 씨가 전세자금대출 원리금을 주식배당금으로 헤지 할 때와
그러지 않았을 때 금융비용의 차이

2안의 결과를 보면 앞의 월세수익에 비해 투자 수익률이 사실상 반토막이 난 탓에 이자비용이 극적으로 줄어들지는 않는 점은 좀 아쉽습

니다. 그래도 역시 1안에 비해 늘어난 이자비용을 투자 수익으로 위험을 분산해서 실제 금융비용을 오히려 1안보다 줄이는 모습을 볼 수 있습니다.

앞의 표를 보면 소준범 씨는 월 8만 원의 이자비용을 줄였는데, 이게 별것 아닌 것 같지만 연 100만 원에 가까운 적지 않은 돈입니다. 소준범 씨는 이렇게 절약하는 돈으로 자신이 보유한 배당주를 추가로 매수해 주식 수를 늘려도 되고, 자신의 목돈으로 만들 수도 있습니다.

신기하지 않으신가요? 한 달에 내야 할 이자는 분명히 늘어났는데, 실제로 내야 하는 이자는 줄어드는 마법! 잘만 하면 이자비용을 줄이는 데 그치지 않고, 오히려 수익을 낼 수도 있는 마법! 이것이 바로 필자가 제안하는 헤지 투자에서 가능한 마법입니다. 은행에 그냥 가져다주는 이자가 아깝게 느껴진다면, 이제는 헤지 투자를 생각해볼 때가 되었습니다. 은행에 내는 이자, 내가 어떻게 대응하느냐에 따라 충분히 줄일 수 있습니다!

# 고수익 투자 시 자금이 부족하다면, 레버리지 투자에 도전하라

Chapter 1에서도 이야기했지만, 필자와 같은 월급쟁이 출신 투자자들은 투자를 시작하고 나면 큰 딜레마에 빠지게 됩니다. 내가 투자에 투입할 수 있는 돈은 매우 한정되어 있는데, 아무리 나의 투자 수익률이 높아도 종잣돈 규모의 한계로 억대는커녕 몇천만 원의 수익을 내기도 쉽지 않은 것입니다.

이럴 때일수록 우리는 레버리지 투자를 적극적으로 고려해봐야 합니다. 이왕이면 내 돈만 투입하는 것보다 남의 돈(대출)을 적절히 활용해 투자금의 규모를 키웠을 때, 거둬들일 수 있는 투자 수익의 규모도 훨씬 커집니다. 필자의 부모님이 들려주셨던 말씀을 통해 이미 이야기 드렸습니다.

지렛대의 원리를 발견한 아르키메데스(Archimedes)는 "내게 충분히 긴

막대기와 튼튼한 받침대(지렛대)를 준다면 지구도 들어 보일 수 있다"라는 유명한 말을 남겼습니다. 미약한 한 명의 인간의 힘으로는 할 수 있는 것이 적지만, 지렛대라는 효과적 도구를 사용하면 무엇이든 가능하다는 것을 꿰뚫고 있어서겠지요.

이것을 투자의 영역으로 가지고 와서 생각해보면, 내가 가진 몇백, 몇천만 원의 돈으로는 할 수 있는 것이 적지만, 남의 돈, 즉 대출을 적극적으로 끌어들여 투자금의 규모를 키운다면 수익을 끌어올릴 가능성이 커지게 됩니다.

아주 좋은 예시를 보겠습니다. 천만 원도 없는 내게는 와닿지 않을 예시일지도 모르겠지만, 한 번 살펴봅시다.

여기 10억 원 하는 건물이 매물로 올라왔습니다. 총 20실 규모의 원룸 건물로, 현재는 20명의 세입자가 보증금 1,000만 원을 맡기고 월세 40만 원을 내며 사는 건물입니다. 이 건물을 2가지 방법으로 매입할 경우의 수익률을 보겠습니다.

A씨는 은행을 혐오하고 대출을 무서워해, 현찰 박치기로 이 건물을 사기로 합니다. 마침 A씨에게는 현금이 8억 원 있습니다. A씨는 이 돈을 가지고 세입자들의 보증금 2억 원(1,000만 원×20실)만을 레버리지로 일으켜 이 건물을 매입합니다.

B씨는 A씨에 비해 상대적으로 가진 것이 적지만 레버리지의 힘을 믿고 이를 극대화한 투자에 나서기로 합니다. B씨에게는 가진 돈이 3억 원 있습니다. B씨는 세입자 보증금 2억 원을 끼고 건물을 담보로 5억 원의 대출을 추가로 받아 이 건물을 매입합니다.

그렇다면 A씨와 B씨가 올리는 수익률은 어떻게 될까요?

A씨는 한 달에 월세 수입으로 800만 원(40만 원×20실)을 받습니다. A씨는 은행에서 받은 대출이 없으므로 월세로 받는 수입을 고스란히 가져갈 수 있습니다. 그러면 당연히 B씨보다 더 유리한 것 아닐까요? A씨는 투자금 8억 원으로 1년에 9,400만 원(800만 원×12개월)의 수익을 가져가므로, 세금과 건물의 관리비용을 제외한 연수익률은 12% 정도입니다.

| | 건물가격(만 원) | 투자금(만 원) | | 월세보증금(만 원) | 실투자금(만 원) |
|---|---|---|---|---|---|
| A씨 | 100,000 | 80,000 | | 20,000 | 80,000 |
| | 월세수익(만 원) | 대출이자(만 원) | 세금 및 부대비용(만 원) | 순수익(만 원) | 최종 수익률 |
| | 9,600 | 0 | 200 | 9,400 | 11.8% |
| | 건물가격(만 원) | 투자금(만 원) | 은행 대출(만 원) | 월세 보증금(만 원) | 실투자금(만 원) |
| B씨 | 100,000 | 30,000 | 50,000 | 20,000 | 30,000 |
| | 월세수익(만 원) | 대출이자(만 원) | 세금 및 부대비용(만 원) | 순수익(만 원) | 최종 수익률 |
| | 9,600 | 2880 | 200 | 6,520 | 21.7% |

건물을 매입할 때 레버리지를 소극적으로 활용한 A씨와 적극적으로 활용한 B씨의 투자 수익률 차이

B씨도 한 달에 월세 수입으로 800만 원을 받습니다. 그러나 B씨는 은행에서 빌린 담보대출의 원리금으로 한 달에 240만 원(30년간 연 4% 원리금 균등상환 기준)을 갚아야 합니다. 그러면 B씨가 한 달에 올리는 월수입은 실제로는 560만 원 정도가 됩니다.

투자 수익률은 어떨까요? B씨는 투자금 3억 원으로 1년에 6,720만 원의 수익을 가져가므로, 세금과 건물의 관리비용을 제외한 연수익률은 22% 정도입니다. A씨의 2배에 가까운 수익률을 올린 것입니다. 여기에 몇 년 후 건물을 매도한 후 더해지는 시세차익까지 더해진다면 두 사람이 올리는 수익률의 격차는 더욱 극명해질 것입니다.

| 감정가<br>(만 원) | 예상 낙찰가<br>(만 원) | 투자금<br>(만 원) | 경락잔금대출(만 원) | | 세금 및 부대비용(만 원) | | 월세 보증금<br>(만 원) |
|---|---|---|---|---|---|---|---|
| 15,000 | 12,750 | 2,550 | 10,200 | | 406 | | 2,000 |
| 월세<br>(만 원) | 연 월세 수입<br>(만 원) | 이자<br>(만 원) | 연이자<br>(만 원) | 연 보유세<br>(만 원) | 실투자금<br>(만 원) | 연 순수익<br>(만 원) | 최종 수익률 |
| 50 | 600 | 28 | 334 | 4 | 906 | 262 | 27.1% |

필자가 지난 2019년 인천시의 어떤 빌라 경매 투자를 준비하면서 작성했던 예상수익 분석표

이것이 레버리지가 가진 힘입니다. 10억 원짜리 건물이 내게 와닿지 않는다면, 매매가 1억 원 이하의 빌라나 오피스텔을 생각해도 됩니다. 필자가 작성한 위의 표를 보면 레버리지의 힘을 제대로 느낄 수 있을 것입니다.

필자는 임대수익을 올릴 목적으로 법원 경매를 준비하면서 이 표를

작성했습니다. 필자가 앞의 표를 작성하면서 세운 계획은 '내가 끌어들일 수 있는 레버리지를 최대한으로 일으켜 수익률을 극대화한다'라는 것이었습니다. 당시 필자가 생각한 레버리지 수단은 경락잔금 대출금과 월세 보증금이었습니다. 그 수단을 최대한으로 활용한다는 전제하에 표를 작성했더니 정말 놀랄 수준의 수익률을 거둘 수 있겠다는 판단을 내릴 수 있었습니다.

내가 가진 몇천만 원의 돈을 가지고도 레버리지의 힘을 최대한으로 활용한다면, 한 달에 정해진 원리금을 갚고도 몇십만 원의 돈을 월세 수입으로 쥐는 기적을 체험할 수 있습니다. 필자처럼 법원 경매나 공매를 통해 시가보다 저렴하게 낙찰받아, 경락잔금대출이라는 특수 대출을 받는 극단적인 경우를 생각하면, 내 돈 한 푼도 들이지 않고 월세 수입을 쥘 수도 있습니다. 1년에 한 번 있는 임용시험 감독을 뼈 빠지게 하루 뛰고도 쥐는 돈이 7~8만 원인 것을 생각하면, 내가 어느 방면에 굉장히 뛰어나서 외부 강사로 뛰거나 유튜버를 하면서 돈을 벌 수 있는 사람이 아니라면, 레버리지 투자를 통해 수익을 창출하는 것도 적극적으로 생각해볼 만합니다.

레버리지 투자의 또 다른 이점은 규모의 경제를 가능하게 해준다는 것입니다. 앞에서 본 필자의 사례처럼, 내가 아무리 주식 투자에 소질이 있어서 연 10%의 비교적 뛰어난 수익률을 낸다고 하더라도 투자금이 1,000만 원 정도라면 고작 100만 원 정도의 수익을 내는 데 그칩니다.

그러나 레버리지를 적극적으로 일으켜서 5,000만 원의 돈을 굴린다면 어떨까요? 수익금의 규모가 이전보다 많이 늘어날 수밖에 없습니다. 당연한 이야기겠지요.

사실 레버리지 투자를 독자 여러분이 아예 경험해보지 못한 것은 아닐 것입니다. 레버리지 투자의 종류가 너무나도 다양하기 때문입니다. 우리가 경험하거나 들어본 것만 하더라도 '세입자의 전세보증금을 레버리지 삼아 전세가율을 가지고 주택에 투자하는 **갭 투자**', '대출로 주식이나 비트코인 투자금의 규모를 늘리는 **빚투**', '향후 시세차익을 노리고 대출을 최대한으로 끌어들여 주택을 매매하는 **영끌**' 등이 모두 레버리지 투자입니다.

서울시 강남지역에서 부동산 투자를 전문적으로 하는 복부인들이 농담 반 진담 반으로 하는 이야기가 있다고 합니다. "부채도 자산이다"라는 말입니다. 틀린 말이 아닙니다. 복부인 아주머니들은 물론이고, 우리나라의 웬만한 기업 중에 자기 돈만 가지고 투자하는 곳은 아무도 없습니다. 외부(주로 금융기관)에서 끌어들인 차입금과 주주들의 주식 투자금 등 다양한 수단을 레버리지로 삼아 적극적인 경영활동에 나서며 성과를 내고 있습니다. 유독 개인 투자자 중에서 대출을 레버리지로 활용하는 데 필요 이상의 겁을 먹는 사람들이 많습니다.

내가 감당 가능한 수준의 레버리지를 적절히 활용한다면, 물가 상승(인

플레이션)과 은행 이자를 훨씬 뛰어넘는 수익을 거둘 수 있습니다. 내가 가진 돈은 극히 한정적인데 이른 시간에 높은 수익을 올리기를 원한다면, 레버리지 투자를 적극적으로 고려해볼 만합니다.

# 성공 헤지·레버리지 투자를 위해
# 잊지 말아야 할 것 3가지

우리가 헤지·레버리지 투자를 성공시키는 데 필요한 것은 무엇이 있을까요?

첫째, 내가 감내할 만한 수준의 레버리지를 설정하는 것입니다.

아무리 2년에 5억 원 이상 오르는 상급지 아파트를 산다고 해도, 한달에 웬만한 월급쟁이의 월급을 뛰어넘는 원리금 300~400만 원을 상환해야 하는 부담을 져가면서까지 레버리지를 일으키는 것은 어리석은 짓입니다. 내가 감당할 만한 수준의 레버리지를 계산하고 일으키는 것이 정말 중요합니다. 특히나 선생님 중에는 근무 중 휴직을 할 일이 꼭 생기므로, 휴직으로 인해 수입이 줄어들었을 때까지를 모두 생각해서 레버리지를 일으켜야 할 것입니다.

둘째, 투자 대상을 자세히 분석하는 능력입니다.

레버리지 투자의 가장 큰 적은 은행의 대출이자를 감당할 수입이 발생하지 못하는 것입니다. 주식 투자로 치면 수익을 내지 못하는 것이고, 부동산 투자로 치면 내가 투자한 상가나 주택에 공실이 발생하는 것입니다. 잘못 투자했다가 내가 투자한 자산이 경매에 홀라당 넘어가는 우를 벗어나지 않으려면 정말 열심히 공부해서 멘탈이 무너지는 것을 막아야 합니다.

Chapter 1에서 소개한 제 투자 이야기를 좀 더 구체적으로 해보겠습니다. 필자는 2017년 결혼할 무렵 인천시 계양구의 한 빌라촌에 투자했습니다. 서울시와 차로 5분 거리로 거의 엎어지면 코 닿을 만큼 가까운 곳이지만 이상할 만큼 집값이 쌌습니다. 주변에 거주하는 사람들도 잘 모르는 곳이었습니다. 그 이유를 분석하기 시작했습니다. 지도도 열심히 뜯어보고, 현장에 나가 지역 부동산 중개업소와 동네 주민들을 두루 탐문했습니다.

역시 답은 현장에 있었습니다. 입지는 좋지만, 외지인들이 매력을 느끼지 못할 만큼 지역이 크게 낙후되어 있다 보니, 서울시, 경기권에 살다가 사업 부도나 실직 등 형편이 어려워져서 밀려난 사람들이 주민들의 대부분이라는 사실을 알게 되었습니다. 이거다 싶었습니다. 집값이 싼 만큼 월세를 저렴한 조건으로 내놓으면 임대 수요는 꾸준하겠다는 확신이 생겼습니다. 그리고 산업단지 조성 이슈까지 있어서, 나중에 산

업단지가 조성되면 이곳에 근무하며 이 동네에 보금자리를 잡는 노동자들을 상대로도 장사(?)할 수 있겠다는 아이디어가 생겼습니다. 그 자리에서 제가 가진 1억 원이 좀 넘는 투자금을 올인해서 여러 채를 매수했습니다. 그 결과 지금도 저는 이곳에서 한 번도 월세를 밀리지 않고 이자도 빠짐없이 내며 꼬박꼬박 수입을 올리고 있습니다. 투자한 지 2년 남짓 지나고 나니 이곳이 3기 신도시인 계양신도시 예정지로 확정되면서 쏠쏠한 시세차익도 보는 중입니다. 면밀한 분석은 결코 실패하지 않습니다.

내가 주식으로 빚투를 하더라도 면밀한 분석을 통해, 투자한 주식이 꾸준한 실적과 배당금으로 수익을 안겨줄 좋은 기업이라는 확신만 있다면 사실 빚투를 해도 됩니다. 그런 확신 없이 투자하니 빚투가 문제가 되는 것입니다.

마찬가지로 내가 영끌을 하더라도, 이 지역의 가치가 상승할 것이라는 분석과 확신만 있으면 역시 영끌을 해도 됩니다. 갭 투자나 다른 투자도 마찬가지입니다.

셋째, 몰빵보다는 분산을 택하자는 것입니다.
이게 헤지·레버리지 투자와 무슨 상관이 있겠냐고 생각하실 분이 있을 것 같습니다. 저는 상관이 있다고 생각합니다. 5억 원의 순자산을 들고 레버리지 투자를 감행한 두 사람의 경우를 들어 생각해봅시다.

김철수 씨는 수도권의 상급지에 있는 아파트를 7억 원의 대출을 받아 12억 원에 마련했습니다. 김철수 씨가 이 아파트에 사는 2년 동안 아파트값은 4억 원이 올라 16억 원이 되었습니다. 그러나 김철수 씨에게 남은 것은 한 달 300만 원의 원리금 부담에, 투기과열지구와 종부세 대상자로 선정되면서 과중해진 세금밖에 없습니다. 김철수 씨네 집값은 엉덩이에 깔고 앉은 돈으로, 실제 김철수 씨의 생활에는 큰 도움이 되지 못했습니다. 그렇다고 이 집을 팔자니, 양도소득세 부담 때문에 쉽지도 않습니다.

이영희 씨는 수도권의 하급지에 있는 아파트를 1억 원의 대출을 끼고 3억 원에 매수했습니다. 그리고 남은 3억 원으로 인천, 경기권의 5억 원짜리 빌라를 5억 원 대출을 받아 10채 매수했습니다. 이영희 씨는 한 달 252만 원의 원리금을 상환해야 하지만, 빌라에서 받는 월세 400만 원이 있어 오히려 148만 원 정도의 수입이 발생하고 있습니다. 게다가 이영희 씨가 투자한 지역에서 재개발 호재가 나오기 시작하면서 이영희 씨는 분양권을 기대할 수도, 추가 시세차익을 기대할 수도 있게 되었습니다.

모든 사람이 서울시나 상급지에 살면 좋지만, 필자는 반드시 그래야 할 필요는 없다고 생각합니다. 내가 가진 돈이 많지 않은데, 굳이 무리해가며 상급지로 갈 필요가 있나 생각합니다. 차라리 앞의 이영희 씨처럼 급지를 조금 낮춰 내 집을 구하면서(물론 이영희 씨는 조금 극단적인 케이스이기는 합니다), 남은 돈으로 자금의 회전율을 높이면 어떨까요? 내가 가진 자산에서 수익을 창출할 수 있도록 포트폴리오를 세팅한다면, 성공한 레버리지 투자로 가는 데 도움이 될 것입니다. 저도 이영희 씨와 같은 마인드에 따라 지금도 경기도의 평범한 지역에 있는 30년 된 구축아파트에서 살면서 수익을 추구하고 있습니다.

자본주의 사회에서는 돈의 생리를 잘 아는 사람만이 성공한다고 생각합니다. 세계적인 기업인이나 부자 중에도 자기 돈만 가지고 성공하는 사람은 단 한 사람도 없듯, 재테크와 금융에 소극적이었던 우리도 이제는 남의 돈을 활용하는 데 마음이 조금 열려 있어야 하지 않느냐는 생각에 이 글을 써봤습니다.

[대출약정서]
## 대출약정서에서 꼭 확인해야 할 부분은?

두근거리는 가슴을 안고 은행에 가서 대망의 대출 상담을 마치고 대출이 확정되면 해야 할 일이 있습니다. 바로 창구 직원의 안내를 받아 대출약정서를 작성하고 서명하는 일입니다. 보통은 "여기다 이름 쓰고 사인해주시면 되세요"라는 직원의 말에 별생각 없이 서명하는 경우가 대부분입니다.

그러나 똑똑한 대출소비자가 된 우리, 여기서 가만있으면 안 되겠지요? 무작정 직원의 말만 듣고 서명하기보다, 대출약정서와 여신약관의 내용을 이해하고 그대로 이행할 수 있는 능력을 길러 봅시다.

**다음 내용은 신한은행 양식을 기준으로 작성되었습니다.**

먼저 대출약정서에서 우리가 눈여겨봐야 할 항목들을 정리해봅시다.

**첫 번째, '제1조. 거래조건'에서 살펴봐야 할 것들입니다.**

### ① 대출이자율 및 금리 변동 주기

대출상품에 적용되는 금리와 변동 주기를 나타낸 항목입니다.

### ② 상환 방법

대출금을 어떻게 갚을지를 명시하고 있습니다. 대출 기간이 끝나는 날에 전액상환(만기일시상환)할지, 날짜를 나눠 분할상환할지, 원금과 이자를 균등상환할지 등을 고르게 되어 있습니다. 이 부분을 면밀히 읽고 상환 방법을 이해해야 합니다.

### ③ 이자지급 시기 및 방법

최초(대출실행 후 첫 달) 이자 지급 시기와 그 이후 지급 시기, 분할상환하는 경우 언제 지급할지, 대출 만기일에 이자 전액을 상환할지 등을 고를 수 있습니다.

### ④ 대출금 입금 계좌번호와 자동이체 계좌번호

대출금이 입금되는 계좌번호와 원리금이 인출되는 계좌번호를 구분해 적도록 하고 있습니다. 두 계좌를 동일하게 설정할 수 있지만, 다르게 설정하는 경우에는 절대 혼동하지 말아야 원리금의 연체를 막을 수 있습니다.


**두 번째, '제2조. 대출이자율의 변동'에서 살펴봐야 할 것들입니다.**

고정금리와 변동금리, 기타 금리의 금리 책정 방법을 서술하고 있습니다. 자신이 결정한 금리가 어떻게 책정되는지를 면밀하게 살피길 바랍니다.

**세 번째, '제4조. 중도상환해약금'에서 살펴봐야 할 것들입니다.**

약정기일 이전에 대출금을 상환하는 경우 은행에 중도상환해약금(중도상환수수료)을 지급한다고 명시하고 있습니다. 중도상환해약금은 중도상환금액에 '제1조. 거래조건'에서 정한 요율을 곱해 결정된다고 나와 있네요. 한편 중도상환해약금의 면제 조건에 대해서도 나와 있으니 읽어볼 필요가 있습니다.

**네 번째, '제10조. 금리 우대 적용'에서 살펴봐야 할 것들입니다.**

금리를 결정하는 데 있어 가장 중요한 부분입니다. 우대금리를 적용하는 방법을 고르게 되어 있습니다. 신용카드 사용실적과 정기 예적금 유지, 급여이체, 아파트(상가) 관리비 이체 등 자신이 실천할 수 있는 우대항목을 골라 체크하면 됩니다. 이 우대항목을 반드시 실행해야 우대금리가 적용되므로, 우대항목에 체크한 이상은 꼭 지킬 수 있도록 노력해야 합니다.

이상으로 대출약정서에서 우리가 꼭 살펴야 할 부분을 알아봤습니다. 사실 창구 직원의 안내대로만 따라가도 큰 문제는 없지만, 내 권리는 내가 지키는 것이므로 대출약정서를 꼼꼼히 살펴 불이익을 받는 일이 없도록 합시다.

# CHAPTER 6

# 그것마저 알려주마!
# 현명한 대출 전략

# 대출 상담하러 은행 가기 전,
# 이것만은 꼭 챙겨가자!

 

은행을 갈 때 이날만큼은 유난히 떨리고 가슴이 쿵쾅쿵쾅 뛸 때가 있습니다. 언제일까요? 바로 대출을 상담받으러 가는 날입니다. '내가 필요한 만큼 대출을 받을 수 있을까?', '대출금액이 펑크 나면 어떡하지?', '나한테 유리한 조건으로 대출을 받을 수 있어야 할 텐데…' 이런 생각들 때문에 은행으로 가는 발걸음은 더없이 무겁기만 합니다. 사실 필자도 대출받으러 은행에 갈 때가 제일 부담이 되더라고요.

그러나 호랑이 굴에 들어가도 정신만 차리면 살 수 있는 법입니다. 은행 문을 열고 대부계 창구 앞에 서더라도 다음에서 말씀드리는 것만 잘 준비해주시면 크게 두려워할 필요는 없습니다. 대출을 너무 두려워하지는 맙시다.

첫 번째는 대출의 우선순위를 미리 정해가는 것이 좋습니다.

대출에도 우선순위가 있다는 사실을 아셨나요? 그러잖아도 은행권에 나와 있는 대출의 종류가 너무나 다양해서 혼란스러운데, 내가 무슨 수로 어떤 대출부터 알아볼지 정해야 한다니요. 하지만 대출의 우선순위를 정하고 은행을 방문하면 보다 효율적인 은행 상담이 가능해져 나도 좋고, 은행 직원도 더없이 좋을 수밖에 없습니다. 누이 좋고 매부 좋은 것이지요.

먼저는 사내대출에서 좋은 조건으로 대출을 받을 수 있는지 알아봅시다. 요즘 같은 '대출 빙하기' 시대에 사내대출은 한 줄기 빛과도 같은 존재입니다. 국내의 각 기관과 기업에서 제공되는 다수의 사내대출이 은행의 공동전산망에는 기록으로 남지 않으면서 사원복지 차원에서 싸고 좋은 조건의 대출을 제공하고 있기 때문입니다. 내가 현 직장에서 오래 재직할 계획이 있다면 사내대출을 가장 먼저 고려해야 합니다. 단, 사내대출 중에는 은행과 연계해 은행공동망에 대출기록이 잡히는 경우도 있으니 유의해야 합니다.

다음은 정책대출을 알아봅시다. 국가에서 국민의 세금과 국고로 제공하는 정책대출 역시 국민을 위해 저렴한 금리와 유리한 조건으로 갖가지 대출을 제공하고 있습니다. 정책대출은 국가가 국민을 상대로 이른바 '돈놀이'를 하려는 목적보다, 국민이 싸고 질 좋은 금융서비스를 이용하도록 돕는 공익적 목적에서 설계된 경우가 대부분입니다. 그러다 보니 시중은행에서 취급하지 않는 금리와 조건을 지원하기도 합니다.

주택금융공사에서 서비스하는 주택담보대출은 '보금자리론'이 대표적입니다. 보금자리론에서는 체증식 상환 방법을 취급하는데, 여기에 따르면 차주의 원리금 상환 부담이 처음에는 낮다가 시간이 지나 소득이 높아질수록 천천히 높아지도록 설계된 것이 특징입니다. 처음부터 많은 이자수익을 추구하는 시중은행 입장에서는 취급하기 꺼려지는 방식일 수밖에 없지요. 그러나 보금자리론에서는 버젓이 체증식 상환을 지원하고 있으므로 이런 것들을 적극적으로 활용할 필요가 있습니다.

다음은 국내 1금융권의 4대 은행(NH농협, KB국민, 신한, 하나)을 살펴봅시다. 이곳 은행들은 대출소비자의 다양한 니즈를 충족하는 대출상품들을 폭넓게 출시해두고 있는 것이 특징입니다. 똑같은 전세대출이라도 시장 기준금리와 대출조건이 다양하므로 정신 똑바로 차리고 비교할 줄 알아야 합니다. 이 중에서 나에게 맞는 대출상품을 찾는 것이 좋은 대출 상담을 받는 왕도라 할 수 있을 것입니다.

그다음은 1금융권의 나머지 은행, 특히 지방은행과 외국계은행을 살펴보도록 합시다. 이곳 은행들은 4대 은행만큼 다양한 대출상품을 출시해놓고 있지는 않습니다. 그러나 4대 은행에서 취급하지 않는 '틈새시장'형 상품들을 간혹 내놓는 경우가 있으므로, 내가 원하는 대출상품이 4대 은행에 없으면 나머지 은행들을 공략해보는 것도 좋은 방안이 될 수 있습니다. 다만 이 은행들의 단점은 지점망이 4대 은행만큼 촘촘하지 못해, 수도권이라 하더라도 우리 집 근처에서 상담을 받기 어렵다는 점입니다. 사전에 내가 대출받고자 하는 은행의 위치가 어디인지 미리 알아보고 가는 것이 좋겠습니다.

그래도 어려우면 다음에는 2금융권을 알아봅시다. 2금융권에도 잘 찾아보면 신용점수에 큰 타격을 입히지 않으면서 유용하게 활용할 수 있는 대출상품들이 많이 나와 있습니다. 앞에서 말씀드린 대로 금융당국의 규제도 1금융권보다 느슨하게 적용되므로 대출조건보다 대출 한도가 더욱 중요한 소비자라면 2금융권의 문을 적극적으로 두드려 볼 만합니다. 필자는 지역 농·축협과 신협, 새마을금고 등의 상호금융사와 우체국, 보험사 등 기타 금융기관을 먼저 살펴보고 그래도 안 되면 저축은행의 문을 두드려볼 것을 권합니다. 여기까지도 안 되면 더 이상의 대출 시도는 포기하는 것이 좋습니다. 자칫하면 나의 금융 라이프를 나락으로 끌어들일 수 있기 때문입니다.

두 번째는 예상 대출 한도를 미리 산출해보는 것이 좋습니다.

물론 대출소비자인 우리가 대출 한도를 뽑아낸다고 해서, 컴퓨터로 정밀하게 결과를 산출하는 은행의 심사결과를 이길 수는 없습니다. 그러나 무턱대고 '나 정도면 ○억 원은 무난하게 대출받을 수 있겠지'라고 생각하며 아무것도 안 하는 것보다, 미리 대출 한도를 계산해보는 것이 좋습니다. 요즘에는 인터넷이 매우 발달해서 LTV와 DTI, DSR 등의 용어를 잘 이해만 한다면 알맞은 값을 입력해서 금세 대출 한도를 뽑아낼 수 있습니다. 필자 같은 경우는 '부동산 계산기'라는 앱을 활용하는데, 독자분들께도 적극적으로 추천합니다.

세 번째는 대출에 필요한 기본 서류 정도는 알고 챙겨갑시다.

은행은 소비자의 대출 요청을 심사할 때 컴퓨터를 많이 활용하지만, 일부는 구체적이고 공신력 있는 자료를 통해 증빙을 요구하기도 합니다. 이것이 바로 서류입니다. 이 서류는 대출이 요구하는 담보에 따라 조금씩 달라집니다. 이 서류들을 미리 알고 챙겨간다면, 원활한 상담과 심사가 가능해질 것입니다. 잘만 하면 대출을 신청한 당일에 내가 요구한 금액이 통장에 입금될 수도 있는 거고요.

네 번째는 창구 직원에게 할 말을 미리 숙지하고 갑시다.

대출도 결국에는 사람이 하는 작업입니다. 따라서 은행 직원에게 상담 시간에 뭐라고 이야기할지 미리 생각해둘 필요가 있습니다. 내가 필요한 대출은 무엇인지, 담보로 무엇을 제공할 수 있는지, 희망하는 대출 금액은 무엇인지, 나의 신용점수는 어느 수준인지, 이미 받은 대출상품<sub>(기대출상품)</sub>은 있는지 등을 분명하게 파악해둡시다. 이런 것들을 직원에게 또렷하고 차분하게 말할 수 있다면, 직원은 대출소비자에 대한 신뢰감을 가지고 원활하게 상담을 진행할 수 있을 것입니다.

마지막으로는 강한 '멘탈'을 붙잡고 갑시다.

은행에 나타난 대출소비자의 첫인상이 대출 심사에 공식적인 영향을 주는 것은 아니지만, 대부계 직원들은 소비자들이 직원 앞에서 '쭈굴이'가 되어 지나치게 위축되는 경우를 많이 본다고들 말합니다. 그럴 필요가 전혀 없습니다. 대출을 받는 나는 은행의 소중한 고객입니다. 앞에서도 언급한 은행의 우대고객 선정기준에 따르면 소비자의 대출잔액은 상당히 큰 우대를 받습니다. 은행이 먹고살 수 있도록 이자 수입을 꾸준히 안겨주기 때문입니다. 따라서 이자를 연체하지 않고 정해진 만기에 빌린 돈을 정확히 상환할 의지와 준비만 되어 있다면, 창구 직원 앞에서 쫄 필요는 전혀 없습니다. 창구 직원에게 거짓말만 하지 말고, 내가 원하는 것을 분명하게 요구하기만 하면, 직원은 소비자인 내가 원하는 대출을 최대한 받을 수 있도록 물심양면으로 도와줄 사람이기 때문입니다.

남의 돈을 꾸는 대출은 분명히 소비자 관점에서 부담스러운 작업입니다. 그러나 앞의 사항들을 잘만 준비해간다면 걱정할 것이 하나도 없습니다. 은행 대출, 이제는 걱정하지 말고 자신 있게 도전해봅시다!

# 여러 대출을 기막히게 조합해
# 적재적소에 투입하라

한두 푼도 아쉬울 만큼 작고 소중한 월급을 받는 월급쟁이 입장에서, 대출을 받을 때 가장 중요한 것은 아무래도 한 달에 부담하는 대출 원리금을 최대한 줄이는 것이겠지요. 물론 내가 주거래 하는 시중은행에서 좋은 조건으로 우대를 받아 그 부담을 줄일 수 있다면 정말 좋겠지만, 이왕이면 조금만 더 손품과 발품을 팔아서 우리가 내야 할 대출 원리금을 더욱 줄여봅시다.

가장 좋은 방법은 대출을 한곳에서만 받지 말고 여러 군데의 대출상품을 함께 활용해서 최적의 조합을 만들어내는 것입니다. 정책대출과 사내대출, 민간대출의 합동작전을 펼치자고 타이틀을 뽑은 이유가 바로 그래서입니다. 우리가 돈을 조달하는 상황과 목적이 다 같지 않기 때문에, 이제는 자신의 상황에 맞는 대출상품을 최대한 찾아내고 적절하게 조합하는 능력이 중요한 시기가 되었습니다. 정말 그런지 살펴볼까요?

프롤로그에 나온 30세의 7년 차 교사 김민지 선생님이 남자친구 이지훈 선생님과 아직 연애 중인 미혼 시절에 전세자금을 대출받는 상황을 가정해보겠습니다. 김민지 선생님은 근무지 서울시와 가까운 인천시 계양구에서 방 두 칸, 10~20평대 초반까지의 전세를 알아보는 중이고, 마음에 드는 아파트 전세금 시세는 1억 5,000만 원 정도 하는 상황이라고 생각해봅시다. 김민지 선생님은 1억 3,000만 원의 돈을 저축해두고 있지만, 저축한 돈이 향후 2년간 묶이는 것을 최대한 막기 위해 되도록 전액 대출로 전세금을 조달하고 싶습니다.

첫 번째는 김민지 선생님이 주거래 하는 시중은행에서만 전세자금을 조달할 때를 생각해봅시다. 요즘 정부와 금융당국의 대출 규제가 강화되면서 대표적인 서민대출인 전세자금대출도 옥죄려고 하는 상황이지만, 다행히 상담 결과 원래처럼 전세금의 80%까지는 대출금이 나온다고 합니다. 원금은 2년 후 전세 계약이 만료될 때까지 갚을 필요가 없는 만기일시상환방식이고, 금리도 주거래은행 우대를 받아 3.2%까지 받아낼 수 있습니다. 이렇게 1억 2,000만 원까지는 시중은행의 전세자금대출을 이용하고, 나머지 3,000만 원은 같은 은행의 3.5% 금리의 4,000만 원 한도 마이너스통장을 개설해 조달하는 방법이 첫 번째가 되겠습니다.

두 번째는 제 글을 읽고 민간은행대출 외에 사내대출과 정책대출을 함께 알아보는 경우입니다. 같은 학년 선생님께 추천받은 상품은 주택 도시기금에서 운용하는 청년 전용 버팀목 전세자금대출(이하 '버팀목 대출') 입니다. 김민지 선생님은 최적의 조합을 위해 버팀목 대출에서는 1.8% 금리를 제공하는 4,000만 원까지만 받기로 합니다. 여기에 김민지 선생님이 손품을 팔아 주거래은행 대신 카카오뱅크에 청년 전용 전세자금대출이 금리 2.5% 정도에 가능하다는 사실도 알게 됩니다. 여기서 9,500만 원의 대출을 받습니다. 여기에 계약금 1,500만 원만 주거래은행의 3.5% 금리의 4,000만 원 한도 마이너스통장을 활용하는 방법이 두 번째가 되겠습니다.

첫 번째의 경우 월 41만 원의 이자 부담이 예상됩니다. 전세자금대출에서 32만 원, 마이너스통장에서 9만 원씩 빠져나가기 때문입니다. 반면 두 번째의 경우에는 이자 부담이 월 30만 원으로 11만 원이나 줄어들 것으로 보입니다. 버팀목 대출에서 6만 원, 카카오뱅크 청년 전용 전세자금대출에서 20만 원, 마이너스통장에서 4만 원이 빠져나가기 때문입니다. 월 11만 원이 절약됩니다. 김민지 선생님은 이렇게 아끼는 돈으로 매달 11만 원 하는 호텔 뷔페에 한 번쯤 놀러 가서 '플렉스'를 해도 되고, 한 주에 14,000원 정도 하는 맥쿼리인프라 주식을 한 달에 8주 정도 사 모을 수도 있습니다. 특히 맥쿼리인프라는 매년 연 5% 이상의 배당수익률을 계속해서 기록할 만큼 유명한 고배당주이므로, 김민지 선생님이 아낀 월세 부담으로 이 주식을 연간 96주 사 모은다면 배당수익으로 연 7만 4,000원을 벌 수도 있을 것입니다. 이자 부담도 월 11만 원 줄었는데 월 6,200원의 과외 소득까지 생기는 것입니다. 여기까지 주식의 향후 시세차익까지 생각하면 그야말로 개이득(!)입니다.

　다시 본론으로 돌아와 앞에서는 사내대출에 대해 말씀드렸고, 이번에는 정책대출을 말씀드릴까 합니다. 정부와 지자체에서 정책적인 필요를 위해 일정 기준을 충족하는 사람들에게 제공하는 대출상품을 정책대출이라고 합니다. 더군다나 청년들이 체감하는 경제적 어려움이 갈수록 커지고 이미 결혼 기피와 저출산이 심각한 요즘, 정부와 지자체가 앞다투어 청년 대상 대출상품을 적극적으로 내놓고 있기에 주목할 필요가 있습니다. 금리와 만기, 상환방식에서 청년들에게 굉장히 유리한 방법으로 대출을 제공하므로 놓치는 사람이 바보인 상황입니다. 정책대출 중 대표적인 주택담보대출로는 주택금융공사의 보금자리론과 디딤돌대출, 시중은행에서 제공하는 적격대출이 있고, 전세대출로는 앞에서 언급한 버팀목 전세자금대출이 있습니다. 특히 상대적으로 고가, 초고가 주택이 서울시에 비해 적은 인천시와 경기도, 비수도권에서 내 집을 마련하는 선생님께서는 정책대출을 먼저 고려하시는 것이 좋습니다.

　단, 정책대출은 아무에게나 무한대로 지원하는 것이 아니므로 지원 조건을 잘 확인해야 합니다. 앞에서 언급한 버팀목 전세자금대출의 경우 전세보증금을 전부 지원하는 것이 아니라 최대한도 7,000만 원까지

지원합니다. 대표적인 주택담보대출 상품인 보금자리론은 6억 원 아파트까지만 취급하고, 적격대출은 조금 더 여유 있지만, 최대 9억 원까지만 가능합니다. 소득 기준을 봐도 버팀목 전세자금대출이나 디딤돌대출은 연소득 5,000만 원까지, 보금자리론은 연 7,000만 원까지(신혼부부의 경우 부부합산 8,500만 원까지)만 혜택을 받을 수 있기 때문에 연 4,679만 원을 받는 김민지 선생님은 이 기준에 간신히 골인하게 됩니다. 기준이 될 때 이런 혜택들을 적극적으로 활용해야 합니다.

웃픈 이야기지만 교사의 박봉(?)은 이런 구석에서 위력을 발휘하는데, 정책대출을 받는 데 비교적 유리한 환경이라는 것입니다. 예를 들어 보금자리론의 경우, 보통 연봉 7,000~8,000만 원만 넘지 않으면 기준에 들어가기 때문에, 아직 미혼으로 혼자 사시는 1인 가구 선생님들께서 적극적으로 선택하면 좋습니다. 다만 부부 교사 선생님들은 정부와 금융당국에서 인정하는 부르주아(…)로서 소득 기준을 아득히 넘어섭니다. 9호봉의 신규교사 선생님 부부가 아닌 이상(…) 10호봉 부부 교사 선생님들부터는 아쉽지만, 대부분의 정책대출에서 퇴짜를 맞게 됩니다.

결론을 말씀드리면 대출은 무조건 손품과 발품을 많이 파는 사람이 승자인 게임입니다. 단순히 익숙하다고 해서 내가 그동안 이용하던 주거래은행만 알아보지 마시고, 다른 1금융권 은행과 공공기관의 정책대출 등을 폭넓게 살펴보실 것을 권합니다. 그렇게 해서 사내대출과 정책대출, 민간대출의 합동작전을 펼쳐야 원리금 상환 부담을 한 푼이라도 더 줄이고 대출 전쟁에서 승리할 수 있습니다. 아까 살펴본 김민지 선생님의 사례처럼 아낀 원리금으로 플렉스도 하고, 주식을 사서 내 자산을 조금이라도 더 불릴 수도 있으니까 말입니다.

# 신규아파트 청약, 정확한 자금 계획으로 똑똑하게 성공하자

필자가 30대이다 보니 주변의 친구들이나 비슷한 나이대의 지인들을 보면 무주택자가 많습니다. 최근 5년간 전국의 부동산 시장이 지역을 가리지 않고 워낙 대상승장을 거듭해 왔습니다. 그러다 보니, 이들 입장에서는 큰 스트레스를 안고 살아가고 있습니다. 주거의 안정성이 떨어져 2년 또는 4년마다 이사를 해야 하는 것도 스트레스 받는 일입니다. 게다가 지금과 같은 상승장에서는 사실 전세나 월세를 사는 것이 집주인들의 자산을 늘려주는 지렛대(레버리지)의 역할이나 해준다고 생각하면 분통이 터지는 것이지요.

그래서 시기와 방법의 차이는 있지만, 필자 주변 사람들은 모두 내 집을 마련해야겠다는 강한 동기와 압박감을 동시에 느끼게 됩니다. 그렇게 많이들 생각하는 것이 앞으로 새로 지어질 아파트에 분양을 신청(청약)하는 것입니다. 기존 아파트를 구입할 재정적 여력은 부족한데, 요즘은 분양가 상한제를 적용하는 지역이 많으니 신규아파트 분양을 받으면, 주변의 구축아파트를 구입하는 것보다 저렴하게 내 집을 마련할 수 있지요. 입주하자마자 시작되는 시세차익의 혜택과 최신 기술로 매끈하게 지어진 아파트에 기분 좋게 처음 입주할 수 있는 것은 덤이고요.

그래서 청약에 도전하는 것은 좋은데, 필자 주변의 지인들이나 필자에게 상담을 해오는 분들을 보면 구체적인 준비 없이 무작정 청약에 뛰어드는 것을 자주 봤습니다. 분양가는 얼마인지, 그 단지에 적용되는 제도와 규제는 무엇이 있는지, 분양대금은 어떤 순서와 비율로 납입하는지, 다른 부대비용은 없는지, 시기마다 자금을 준비할 계획은 되어 있는지. 이런 것들을 먼저 살펴보고 분양을 도전해야 합니다. 그런데 그냥 마음이 급한 나머지 막무가내로 '묻지 마 청약'에 나서는 것입니다. 그래서인지 청약에 성공하고 나서야 뒤늦게 필자를 찾아오는 그분들에게 가장 많이 하는 말이 "혹시 그 아파트 청약받기 전에 분양 공고문은 제대로 읽어봤어요?"였던 것 같습니다. 안타깝게도 "아니오"라고 말하는 분들이 생각보다 많았습니다.

그러면 어떻게 해야 나중에 당황하지 않고 청약을 성공시켜 입주하는 날 열쇠까지 성공적으로 받을 수 있을까요?

먼저 자금계획부터 세워야 합니다. 앞서 내가 가진 자산을 제대로 분석해보자는 말씀을 드렸습니다. 유동자산이니, 비유동자산이니 하면서 내가 가진 자산을 면밀히 구분해서 내가 필요할 때 언제 동원할 수 있는지를 알아야 한다고 했습니다. 이 작업이 가장 필요한 것이 바로 신규 아파트 청약을 준비할 때입니다. 통장에 들어 있는 예금, 오래전부터 투자해둔 주식과 펀드, 코인 지갑에 예치(스테이킹)한 가상자산, 현재 세 들어 사는 집에 맡긴 전세금(또는 월세 보증금) 등 자산의 종류는 다양합니다. 그러나 앞에서도 말씀드렸지만, 자산의 종류에 따라 언제 현금화가 가능한지가 다르므로, 이 자산을 어떻게 쓸지를 먼저 계획할 필요가 있습니다.

아파트 청약에 필요한 돈을 종류별로 나누면 집값과 세금, 기타 부대비용으로 나뉩니다. 의외로 집값만 생각하고 자금준비와 대출계획을 세우시는 분들이 많은데, 실제로는 저 3가지를 모두 고려해가며 계획을 짜셔야 합니다.

구체적으로 이야기하면 집값과 세금(취득세), 도시주택보증공사(HUG)의 중도금대출 보증보험료, 발코니 확장 및 유상옵션비와 법무사비용(필요시), 이사비용과 가재도구 구입비, 입주청소비 등이 있습니다.

한편 이 돈을 시기별로 나누면 계약금과 중도금, 잔금 및 입주 후로 나뉩니다. 보통 계약금을 분양가의 10~20%, 중도금을 60%, 잔금을 20~30% 납입해야 분양대금 지불이 완료되고 입주일에 내 집 열쇠를 받을 수 있는 구조입니다. 여기에 발코니 확장 및 유상옵션비도 시기별로 계약금과 중도금, 잔금을 나누어 납부합니다. 시기별로 내야 하는 돈의 성격과 조달방법이 다르기 때문에 이 방법에 대해서도 알아둘 필요가 있습니다.

그러면 우리가 아파트를 매수하면서 동원할 수 있는 돈에는 무엇이 있는지 살펴봅시다. 크게 4가지 종류로 나뉩니다.

첫 번째는 마이너스통장과 사내대출입니다. 기본적으로 신규아파트를 청약할 때 분양받은 사람이 자기 돈으로 마련해야 하는 것은 계약금 10%와 중도금 자납분 20%, 잔금 30%에, 세금과 보증보험료 및 기타 부대비용까지입니다. 특히 발코니 확장과 유상옵션비는 몇천만 원이 들어가는 꽤 큰돈인데, 따로 대출이 안 나오지 않기 때문에 무조건 자기 돈으로 준비해야 합니다. 따라서 잔금 30%는 자신의 전월세 보증금 등으로 어찌어찌 해결한다고 쳐도, 계약금 10%에 중도금 20% 자납분, 세금과 보증보험료 및 기타 부대비용은 자신의 돈으로 마련할 수 있도록 준비해야 합니다.

물론 이 돈을 다 가지고 있는 독자분은 많지 않기 때문에 여러 가지 방법으로 자금을 융통해야 합니다. 이 중 우리가 생각해볼 수 있는 상품은 마이너스통장과 사내대출입니다. 두 상품은 만기일시상환방식이거나 거치 가능 기간이 매우 길어서 원금상환의무를 꽤 길게 유예하면서 돈을 융통할 수 있다는 장점이 있습니다.

둘 중에 굳이 우선순위를 고르자면 저는 사내대출을 먼저 받을 것을 좀 더 추천해드리는 편입니다. 왜냐하면, 마이너스통장 대출을 실행한 이력이 DSR에 계산되어, 잔금대출을 받는 데 나쁜 영향을 줄 수 있다는 것입니다. 1금융권 기준 DSR이 40%이므로, DSR에 악영향을 주지 않고 계약금과 중도금 자납분, 세금과 기타 부대비용을 모두 해결하려 노력하시고, 모자라는 부분만 마이너스통장으로 받으시면 됩니다.

두 번째는 중도금대출입니다. 기본적으로 계약금대출은 1금융권에서 취급하지도 않고, 또 그러지 못하게 되어 있습니다. 그렇기 때문에 청약을 준비하는 우리가 가장 먼저 만나볼 수 있는 공식적 대출은 중도금을 납입할 때 받는 중도금대출입니다.

중도금은 대개 분양가의 60%를 차지하며, 10%씩 6회에 걸쳐 분납하게 되어 있습니다. 분양가 중 가장 큰 부분을 차지하기 때문에 어지간한 현금 부자가 아니고서야(중도금을 전액 자기 돈으로 마련할 능력이 되는 부자라면 더 좋은 단지를 계약하려 하겠죠?) 이 금액을 100% 자납(자기 돈으로 납부)하는 경우는 거의 없고, 대개 필요한 만큼 중도금대출을 받아 해결합니다. 중도금대출은 건설사가 은행과 연계해 실시하는 집단대출로, 금리가 시중 주택담보대출보다 저렴한 것이 특징입니다. 심지어 꽤 최근까지는 아예 무이자로 진행한 적도 많았습니다.

중도금대출의 가장 중요한 특징은 그 지역에 설정된 LTV만큼만 받을 수 있다는 것입니다. 예를 들어 투기과열지구에서 분양하는 아파트는 LTV 40%를 적용하므로, 중도금대출 역시 분양가의 40%까지만 받을 수 있습니다. 나머지 20%는 자납해야 합니다. 다행히 아직은 중도금대출에 차주 단위 DSR 규제를 적용하지 않고 있습니다. 1금융권 기준 DSR 40%를 적용하면 중도금대출 최대한도가 말도 안 되게 줄어들어, 이를 감당할 분양받은 사람이 몇 없겠다는 현실적인 이유에서입니다.

중도금대출의 또 다른 특징은 잔금일을 만기로 하는 만기일시상환 방식이라는 것입니다. 어차피 잔금일이 되면 중도금대출을 명목상으로나마 상환해야 하므로, 건설사와 은행 입장에서는 머지않아 받을 수 있는 돈이라 치고 만기일시상환으로 잡아주는 것입니다. 따라서 수분양자(분양을 받은 사람)는 중도금이라는 큰돈 중 상당액을 시중보다 저렴한 금리에 이자만 내면서 수월하게 조달할 수 있다는 장점이 있습니다. 대신 중도금대출에서 LTV 최대한도 전부를 사용해버리면, 잔금대출에서 추가로 받을 수 있는 대출이 크게 줄어들거나 없어지므로 잘 고민해야 합니다. 물론 중도금대출을 줄이기 위해 다른 대출상품을 이용하기보다는 저렴한 금리에 상환방식도 좋은 중도금대출을 최대한으로 받아두는 것이 좋긴 합니다.

세 번째는 잔금대출입니다. 잔금대출은 크게 두 종류로 나뉘는데, 중도금대출 상환분과 잔금 자납분으로 나뉩니다. 먼저 중도금대출 상환분은 기본적으로 잔금일에 모두 상환하는 것이 원칙이지만, 실제로는 그만큼 일반 주택담보대출로 전환해줍니다.

얼마 전까지는 잔금대출의 LTV 적용 기준이 '분양가'가 아닌 '입주 당시 감정가'나 'KB시세'인 경우가 보통이었습니다. 그동안 부동산 시장은 줄곧 우상향을 거듭해왔으므로, 입주할 무렵에는 분양가보다 아파트의 시세가 올라 있는 경우가 많았습니다. 따라서 입주 당시 감정가나 KB시세를 기준으로 LTV를 적용하면, 중도금대출 당시의 LTV보다 한도가 여유 있게 잡혀서 중도금대출 상환분 이외에 잔금대출을 추가로 받아 자납분 30%에 보탤 수 있었습니다.

예를 들어 6억 원에 분양한 투기과열지구 아파트의 중도금을 납부하느라 LTV 최대한도(40%)인 2억 4,000만 원을 대출받았다고 가정해봅시다. 그리고 잔금을 치를 무렵 시세가 올라 감정가나 KB시세가 8억 원에 책정되었을 때, 중도금대출 상환분을 주택담보대출로 전환하고도 8,000만 원의 잔금대출을 추가로 받아 잔금 자납분에 보탤 수 있었습니다. 이렇게 되면 잔금 자납분 1억 8,000만 원 중 1억 원만 내 돈으로 내면 그만이었습니다.

그러나 지난 2021년부터 KB시세를 발표하는 KB국민은행을 필두로 주요 시중은행들이 잔금대출의 기준을 '분양가'로 변경하기 시작했습니다. 그러면 현실적으로 중도금대출을 받을 때 주택담보대출의 LTV를 모두 사용해버렸기 때문에, 전체 잔금 중 중도금대출 상환분 이외에 잔금 자납분은 전부 수분양자가 스스로 납부해야 합니다. 잔금 자납분은 무주택자를 기준으로 할 때 보통 현재 세 들어 사는 집의 보증금과 남은 현금으로 충당하는 경우가 많지만, 부족하면 주택금융공사의 보금자리론과 시중은행의 적격대출, 공무원연금공단의 주택담보대출을 활용해야 합니다.

네 번째는 주택금융공사의 보금자리론과 시중은행의 적격대출, 공무원연금공단의 주택담보대출입니다. 보통 잔금 자납분을 납입할 때 무주택자 기준으로는 전월세 보증금과 자신이 가진 현금으로 충당하는 경우가 많지만, 부족한 경우에는 금리가 저렴하고 상환 방법이 유리한 이곳에서 일부 대출을 받아 보탤 수 있습니다. 다만 보금자리론은 분양가 기준 6억 원, 적격대출은 9억 원 이내의 아파트에서만 가능하고, 공무원연금공단의 주택담보대출은 재원이 금방 소진되니 주의해야 합니다.

마지막으로는 신용카드 무이자할부를 이용하는 것입니다. 바로 입주 후 소유권이전등기를 할 때 취득세를 납부하기 위해서입니다. 취득세는 지방세로서, 국세와 달리 신용카드 납부가 가능합니다. 또 신용카드 무이자할부가 가능한 때도 있으니 알아보면 좋습니다. 특히 취등록세를 신용카드로 납부한 실적을 인정해 마일리지로 적립해주는 카드사도 있으니 확인해보면 꽤 큰 도움이 됩니다. 다만 법무사를 끼고 소유권이전등기를 할 때는 다소 주의할 필요가 있습니다. 등기비용 중 취득세는 신용카드로 납부하겠다고 미리 고지를 해야 하기 때문입니다. 고지를 한 후에는 법무사가 보내주는 등기비용 견적서 중 취득세를 제외한 금액만 법무사에게 입금하고, 취득세 부분을 직접 신용카드로 납부하면 됩니다.

정리해봅시다. 계약금 10%와 중도금 20% 자납분, 잔금 자납분의 모자라는 금액과 세금 및 기타 부대비용은 공제회 일반대여와 마이너스 통장으로 해결하는 것이 가장 효과적입니다. 그중에서는 만기가 더 길고 DSR 산정에 영향을 주지 않는 공제회 일반대여를 먼저 사용하는 것이 효과적입니다. 중도금 40%는 건설사 집단대출로 해결하고 나중에 주택담보대출로 전환합니다. 만약 잔금 자납분의 모자라는 금액을 공제회 일반대여로 충당하지 못하면 공무원연금공단 주택담보대출이나 시중은행의 적격대출로 해결하면 됩니다. 이렇게 자금계획을 짜면 중간에 필요한 자금이 펑크 나는 일 없이 원활하게 자금계획을 세울 수 있습니다.

# 윤석열 정부의 대출 규제 완화는
# 제한적일 것이다

제20대 대통령선거에서 승리하고, 2022년 5월에 출범한 윤석열 정부의 금융정책을 놓고도 관심이 쏠리고 있습니다. 새 정부가 출범하면서 평범한 금융소비자들이 기대하는 것은 아무래도 대출 규제의 완화일 수밖에 없습니다. 문재인 정부 들어 집값은 배 이상 폭등한 경우가 많은데, 대출 규제가 강화되는 바람에 소비자들의 주택 구입력은 집값 상승 속도를 따라가지 못해 많은 사람이 불만을 느끼게 된 것입니다.

그래서일까요? 많은 국민의 기대를 의식한 듯이 윤석열 대통령도 대선을 치르면서 대출 규제 완화 공약을 내놓았습니다. 대출 규제 완화를 공언한 윤석열 정부의 정책을 큰 틀에서 요약하면 3가지가 있습니다. LTV(담보인정비율) 완화와 가계부채 총량규제 완화, 예대금리차(예대마진) 공시 강화 말입니다.

내용은 이렇습니다. 지역에 상관없이 LTV를 전국 70%로 통일하고, 생애최초주택 구입자는 10%를 우대해서 80%까지도(대신 매매가 9억 원, 조정대상지역 기준 8억 원까지) 대출을 가능하게 해주겠다는 것입니다. 다주택자에 대해서도 최대 40%까지 LTV를 차등 적용해주겠다고 했습니다. 금융사에 적용되는 가계대출 총량규제도 2022년 기준 가계부채 증가율 4~5% 선에서 통제하기로 했지만, 이를 폐지한다는 것입니다. 예금금리와 대출금리의 격차를 뜻하는 예대금리차도 투명하게 공시하도록 해 실수요자 입장에서 격차가 너무 벌어지지 않도록 관리하겠다고 약속했습니다.

이러한 공약들을 차례로 내놓았는데도 불구하고 가장 주목을 받은 것은 차주 단위 DSR의 완화 여부였습니다. LTV가 완화되어 집값 대비 대출 한도가 늘어나도, 증빙 가능한 내 소득이 대출 원리금을 감당할 수 없다고 판단되면 은행에서는 내가 원하는 만큼 돈을 빌려주지 않을 것이기 때문입니다. 예를 들어 3억 원의 내 돈을 가지고 조정대상지역의 7억 원짜리 아파트를 구입한다고 가정해봅시다. 이런 상황이라면 대개의 소비자는 주택담보대출(금리 4%, 30년간 원리금균등상환 기준)을 최대한도(50%)인 3억 5,000만 원까지 받고, 모자라는 5,000만 원은 신용대출(금리 4.5%, 7년간 만기일시상환 기준)로 조달하려고 할 것입니다. 윤석열 정부의 공약이 실현된다면 필요한 돈 4억 원 전액을 주택담보대출로 받아도 됩니다. 그러나 이 대출을 받으려면 증빙 가능한 연소득이 8,100만 원(윤석열 정부 기준 5,800만 원)을 넘어야 합니다. 1금융권 기준 DSR 최대한도가 40%이기 때문입니다. 연소득 8,100만 원(윤석열 정부 기준 5,800만 원)을 넘지 못하는 사람은 대출도 최대한도로 받지 못합니다.

하지만 윤석열 정부에서도 차주 단위 DSR 규제의 완화는 검토하고 있지 않습니다. 게다가 문재인 정부 시절과 비교해 DSR 규제를 풀어줄 가능성도 제한적이라는 것이 문제입니다.

사실 차주 단위 DSR 규제가 도입된 것은 많은 사람이 생각하는 것처럼, 문재인 정부가 진보적이고 시장에 규제하기를 좋아해서 도입되었다고 보기에는 무리가 있습니다. 문제의 핵심은 은행의 건전성을 규제하는 국제협약 '바젤3'가 우리나라에서도 본격 시행된다는 데 있습니다. 세계 여러 나라 중앙은행이 모인 국제결제은행(BIS)의 '바젤위원회'라는 곳에서 만든 바젤3는 2008년 세계금융위기에 대한 반성에서 시작되었습니다. 자본주의 경제체제에서 은행이 픽픽 쓰러진다는 것은 쉽게 상상하기 어려운 일인데, 현실은 리먼브러더스를 비롯한 수많은 은행이 유동성의 부족으로 줄줄이 쓰러졌기 때문입니다. 이를 방지하기 위해 바젤3는 지난 2010년 개정작업을 마치고 본격 시행되기 시작했습니다.

바젤3의 규정을 모두 자세히 살펴보기에는 지면이 모자라고 독자분들께도 도움이 되지 않습니다. 대출소비자인 우리가 눈여겨 지켜봐야 할 부분은 따로 있습니다.

바젤3에 따르면 은행은 자기자본비율(BIS)을 확충하는 데 힘써야 합니다. 특히 고객에게 지급할 수 있는 예금이 부족하지 않도록 자금의 유동성에 큰 신경을 써야 합니다. 그뿐만 아니라 은행이 고객에게 빌려준 대출은 바젤2가 시행되던 종전까지는 자산으로 인식되었습니다. 그러나 바젤3가 시행되는 지금부터는 '떼일 수 있는 돈', 비용으로 인식하게 되었습니다. 이에 따라 BIS는 바젤3를 시행하는 국가와 은행들에게 대출에 대한 대손충당금을 설정할 수 있도록 규정하고 있습니다. 고객에게 빌려준 돈을 정상적으로 돌려받으면 좋겠지만 파산과 회생 등으로 그 돈을 회수할 수 없는 경우도 분명히 생기므로, 빌려준 돈을 일부분 '비용', 없는 돈으로 인식하라는 말입니다.

그러나 은행을 포함한 기업 입장에서 대손충당금이 늘어난다는 것은 분명 부정적인 신호입니다. 남에게 떼일 수 있는 돈이 많다는 것은 신규 예금고객과 외부 투자를 유치하는 데 악영향을 끼칠 것이기 때문입니다. 가뜩이나 은행 입장에서는 바젤3가 정한 대로 자기자본비율을 확충하기 위해 실탄(돈)이 두둑해야 하는 처지인데 말입니다. 결국, 은행은 앞으로 고객들에게 돈을 빌려주는 데 소극적인 입장을 취할 수밖에 없을 것입니다.

문제는 우리나라 중앙은행인 한국은행이 BIS의 정회원으로서 바젤3의 직격탄을 맞는다는 사실입니다. 우리나라는 이명박 정부 시절인 지난 2012년 바젤3에 서명했습니다. 그러나 국내 부동산 시장의 침체를 이유로 이행을 차일피일 미뤄 오다가, 문재인 정부 들어서인 지난 2021년부터 단계적으로 국내 금융 시장에 적용하기 시작한 것입니다.

자본주의 개방경제 무역국가인 우리나라로서는 국제적인 약속을 나 몰라라 할 수가 없습니다. 더군다나 바젤3를 마련한 BIS에서 개정작업에 참여한 곳들이 우리나라가 국제 거래를 할 때 주요 고객인 선진국 또는 강대국 은행들이어서 더욱 그렇습니다. 바젤3를 지키는 문제는 우리나라가 세계 시장에서 먹고사는 문제와 직결되어 있고, 보수와 진보 정부가 따로 있을 수 없습니다. 우리나라 정치에서 상대적으로 진보로 평가받는 문재인 정부가 시행을 발표한 차주 단위 DSR 규제를 보수 정권인 윤석열 정부가 뒤집어엎을 수 있는 이유가 여기에 있는 것입니다.

물론 혹자는 이렇게 불만을 표하기도 합니다. "우리나라는 이미 세계적으로 가장 강력한 수준의 LTV와 DTI 규제를 시행하고 있는데, DSR이 웬 말이냐!"라고 말입니다. 맞는 말입니다. 우리나라는 부동산 경제의 과열을 방지하고 금융기관과 가계가 부실해지는 것을 막기 위해 세계 최고 수준의 규제를 도입하고 있는 상황입니다. 그런데도, 이제는 좋든 싫든 DSR은 대출소비자인 우리와 함께하게 되었습니다. 여기에 맞춰서 대출계획을 세우고 상환을 준비해 나가는 것이 대출소비자인 우리의 현명한 자세라 할 수 있을 것입니다.

# CHAPTER 7

# 도전! 대출의 실전

실전 사례는 필자가 근무하는 학교와 인디스쿨, 인터넷 능 여러 경로를 통해 실제로 여러 선생님과 일반인들을 상담한 내용입니다. 이 사례들을 잘 읽어보면 제가 지금까지 차근차근 설명해드린 개념과 지식이 고스란히 녹아 있는 것을 알 수 있습니다. 이야기를 나눈 분들의 신원이 생각지 않게 노출되는 것을 피하기 위해, 사례의 내용과 구체적인 지역명은 다소 각색했음을 미리 밝혀둡니다.

# 비교적 약한 규제지역,
# 가장 효과적인 내 집 마련 방법

### - 경기도 고양시 화정지구 구축아파트를 매수하려는
### 10년 차 박상현 선생님

박상현 선생님은 서울시에 근무하는 10년 차 초등교사입니다. 마음 같아서는 근무지인 학교도 가깝고 생활환경도 마음에 드는 서울 시내에 내 집을 마련하고 싶었습니다. 하지만 지금까지 어렵게 모은 돈 1억 5,000만 원으로는 턱도 없었기에 어쩔 수 없이 근무지와 가까워 출퇴근하기 괜찮은 인천시와 경기도 쪽 아파트로 시선을 돌리게 된 것입니다. 그중 서울지하철 3호선(화정역)으로 학교와 바로 연결되는 경기도 고양시 화정지구가 눈에 들어와 매수를 알아보게 되었습니다.

박상현 선생님은 아직 결혼 상대가 없는 싱글이기 때문에 무리하지 않고 24평 아파트를 구하기로 합니다. 하지만 이왕이면 출퇴근하기 좋게 화정역과 가까운 역세권 아파트를 알아보고 싶습니다. 직접 가보니 화정역 주변에 놀거리, 먹을거리도 많아 생활하기도 좋았습니다. 시세를 알아보니 너무 비싼 대장 단지는 빼고 5억 3,000만 원 정도면 매수할 수 있는 단지가 보입니다. 박상현 선생님은 이 단지를 매수하기로 마음먹고 시중은행부터 찾아가 대출 방법을 따져보기 시작합니다.

이때 생각할 박상현 선생님의 조건은 무엇일까요? 첫 번째는 젊은 교사로서 수입이 선배 교사들에 비해 적은 편입니다. 따라서 일단은 가계경제에 무리가 가지 않도록 대출 원리금 상환 부담을 최대한 줄여야 합니다. 두 번째는 최근 도입 및 강화되고 있는 차주 단위 DSR(총부채원리금상환비율) 규제를 최대한 피해야 합니다.

화정지구가 위치한 경기도 고양시는 전 지역이 조정대상지역으로 묶여 LTV 50%의 규제를 받습니다. 서울시와 인접한 수도권에서는 비교적 약한 규제지역에 속합니다. 여기에 수도권 과밀억제권역으로서 3,400만 원의 방공제(소액임차보증금 최우선변제)가 적용되는 곳입니다. 따라서 박상현 선생님이 은행에 방문한다면 최대 2억 3,100만 원까지 대출할 수 있다는 답변을 받을 것입니다. 아직 집을 마련하기까지는 1억 4,900만 원이 모자랍니다. 물론 은행에서 서울보증보험과 연계해 MCI(모기지 신용보험) 상품을 취급한다면 남은 3,400만 원까지도 모두 대출받을 수 있지만, 일단 MCI 상품이 없는 경우를 먼저 따져보겠습니다. 다행히 이 경우 DSR은 30.6% 정도로 나와 대출을 받을 수 있습니다.

그러나 대표적인 정책대출인 한국주택금융공사의 보금자리론으로 눈을 돌리면 이야기는 달라집니다. 박상현 선생님과 같은 서민, 실수요자는 고양시와 같은 조정대상지역에서도 은행보다 더 넉넉하게 대출을 받을 수 있습니다. 매매가가 5억 원을 살짝 초과하므로 LTV 60%를 적용받아 3억 1,800만 원까지 대출을 받을 수 있습니다. 보금자리론은 MCG(모기지 신용보증) 상품을 취급하기 때문에 시중은행에 존재하는 방공제 없이 한도를 최대로 해서 받을 수 있습니다. 연소득 기준에서도 자유롭고, 부채상환비율도 DSR 대신 기존의 DTI를 적용하기 때문에 당국의 대출 규제에서 더 여유롭습니다.

무엇보다 보금자리론이 매력적인 이유는 시중은행에서는 취급하지 않는 체증식 상환을 적용할 수 있기 때문입니다. 체증식 상환은 원리금 상환 부담이 첫 달에 가장 적고 조금씩 늘어나는 구조라서, 호봉제에 따라 수입이 꾸준히 증가하는 박상현 선생님에게 안성맞춤입니다. 또 좋은 아내를 만나 결혼을 꿈꾸는 박상현 선생님이 일단은 혼자서 대출을 갚아나가다가, 결혼하면 배우자와 함께 대출을 상환해 나가면 되기 때문에 체증식을 택해도 원리금균등상환보다 대출상환 부담이 여유롭습니다.

박상현 선생님의 향후 인생계획을 생각해봐도 체증식 상환방식을 택하지 않을 이유가 없습니다. 박상현 선생님이 평생 화정지구의 24평 아파트에서 살아갈 확률은 낮습니다. 나중에 결혼해서 아이를 낳고 양육하다 보면 더 넓은 평수, 상급지 지역의 단지로 옮겨야 할 가능성이 높습니다. 그러니 원리금균등상환이나 원금균등상환을 택해 처음부터 높은 이자비용을 감수할 이유가 없습니다. 박상현 선생님의 상황에는 체증식 상환이 가장 유리합니다. 결국 박상현 선생님은 시중 주택담보대출 대신 보금자리론을 우선으로 택하기로 결심합니다.

| 금융기관 | 대출명 | 대출금액(만 원) | 월 원리금 상환 부담(만 원) |
|---|---|---|---|
| 박상현 선생님 현금 | | 15,000 | · |
| 주택금융공사 | 보금자리론 | 31,800 | 90~ |
| 공무원연금공단 | 주택담보대출 | 6,200 | 51 |
| 1금융권 | 마이너스통장 | 1,500~4,000 | 4~11 |
| 교직원공제회 | 최초대여 | 500 | 5 |
| 대출금 총합 | | 39,500~42,500 | 145~ |

박상현 선생님이 내 집을 마련하기 위해 필자와 함께 계획한 자금조달방안

그러면 아직 모자라는 돈은 얼마일까요? 박상현 선생님이 모은 돈 1억 5,000만 원에 보금자리론 3억 1,800만 원을 더하면 4억 6,800만 원이니 집값만 해도 6,200만 원의 자금이 아직 부족합니다. 여기에 취등록세 583만 원과 공인중개사 중개보수(복비) 233만 원, 이사비용과 입주 청소, 가재도구 구입비를 비롯한 모든 비용을 모두 더하면 1,500만 원은 우습게 깨질 것으로 보입니다. 여기에 화정지구 아파트들이 대체로 오래되었기 때문에, 인테리어 또는 리모델링 공사까지 진행하게 된다면 3,000만 원 정도가 더 추가될 수 있습니다. 즉 박상현 선생님은 아직도 7,700만 원에서 1억 700만 원의 자금을 더 마련해야 합니다.

일단 모자라는 집값 6,200만 원은 공무원연금공단 주택담보대출로 해결합니다. 최대 7,000만 원까지 가능하지만, 일단 6,200만 원까지만 받습니다. 12년간 원리금균등상환방식이기 때문에 원리금 상환 부담을 조금이나마 줄여보기 위해서입니다.

세금 및 모든 비용 1,500~4,500만 원은 마이너스통장으로 해결합니다. 인테리어 공사를 포기하고 1,500만 원만 필요하다면 전액 마이너스통장으로 해결하고, 공사를 하기로 마음먹었다면 마이너스통장 4,000만 원에 교직원공제회 최초대여 500만 원을 받으면 됩니다.

이렇게 되면 박상현 선생님이 한 달에 내야 하는 원리금 상환 부담은 얼마나 될까요? 우선 보금자리론이 월 90만 원부터 시작해 조금씩 증가합니다. 여기에 공무원연금공단 주택담보대출 51만 원이 추가로 붙습니다. 마이너스통장은 일단 이자만 내므로 최소 4만 원부터 시작하니 총 145만 원부터 시작할 것으로 보입니다. 만약 인테리어 공사비 3,000만 원이 추가된다면 마이너스통장 11만 원과 교직원공제회 5만 원이 추가되어 총 157만 원부터 원리금을 내기 시작할 것으로 보입니다. 18호봉 담임교사인 박상현 선생님의 평소 월급이 한 달에 세후 285만 원 정도 되니 아주 부담되는 금액은 아닌 셈입니다.

| 우선<br>순위 | 금융기관 | 대출명 | 대출상환금액<br>(만 원) | 줄어드는 월 원리금<br>상환 부담(만 원) | 상환 소요기간<br>(년) |
|---|---|---|---|---|---|
| 박상현 선생님의 대출상환여력 | | | 연 1,047 | 145~ | |
| 1 | 1금융권 | 마이너스통장 | 1,500~4,000 | 4~11 | 1.5~4 |
| 2 | 교직원공제회 | 최초대여 | 500 | 5 | 0.5 |
| 3 | 공무원연금공단 | 주택담보대출 | 6,200 | 51 | 6 |
| 4 | 주택금융공사 | 보금자리론 | 31,800 | 90~ | 30 |
| 대출금 총합 | | | 39,500~42.500 | 145~ | |

박상현 선생님이 필자와 함께 수립한 대출상환계획

그러면 박상현 선생님은 앞으로 대출을 어떻게 상환해 나가면 좋을까요?

가장 먼저 마이너스통장을 상환해야 합니다. 최근 개설되는 마이너스통장은 금융당국의 대출 규제로 한도도 빡빡하지만, 만기도 10년에서 7년(1년 단위 재연장 조건)으로 줄었기 때문에 가장 먼저 갚는 것이 좋습니다. 물론 7년 만기가 끝나고도 신규개설 조건과 동일하게 연장을 진행할 수는 있지만, 그때쯤 대출 규제가 더 빡빡해져서 은행에서 일부 상환 요구라도 받게 되면 곤란해집니다. 요즘 도입되는 차주 단위 DSR 규제에 가장 취약한 상품이기도 합니다. 박상현 선생님이 한 해 동안 받는 보너스(성과급, 정근수당, 명절휴가비) 1,047만 원을 모두 털어 넣어 갚으면 마이너스통장을 4,000만 원 빌렸다고 하더라도 4년 만에 바로 갚을 수 있습니다. 이후에는 교직원공제회 500만 원을 바로 갚습니다. 그러면 5년 안에 원리금 상환 부담 15만 원이 사라집니다. 그다음에는 공무원연금공단 7,000만 원을 보너스나 목돈이 생길 때마다 한꺼번에 상환해 나가면 의외로 금방 갚아나갈 수 있습니다. 마이너스통장과 공무원 연금공단, 교직원공제회는 모두 중도상환수수료가 없으므로 보너스나 목돈이 생길 때마다 바로바로 갚는 것이 좋습니다. 그리고 보금자리론은 매달 월급으로 자동으로 갚아나가면 됩니다. 이렇게까지 하면 박상현 선생님의 내 집 마련 계획은 일단 완성이라 할 수 있습니다.

그러면 박상현 선생님의 사례로 알 수 있는 것을 정리해볼까요?

첫 번째는 내 집 마련의 시야를 과감히 넓혀 보는 것입니다. 직주근접은 교사를 포함해 모든 사람이 원하는 것이지만, 너무 거기에 얽매이면 좋은 내 집 마련에 성공하기 어렵습니다. 박상현 선생님은 내 집 마련이라는 지상 과제를 실현하기 위해 서울시와 직주근접이라는 본인의 이상과 어느 정도는 타협했고, 덕분에 인근 도시인 고양시에 본인의 경제 사정에 알맞은 24평짜리 집을 마련할 수 있었습니다.

두 번째는 서민, 실수요자라는 본인의 위치를 잘 활용했다는 것입니다. 아직 미혼인 박상현 선생님은 가구소득에서 부부 교사 가정보다 많이 불리했습니다. 1금융권 대출만 이용할 경우 DSR을 산정할 때 크게 불리한 위치에 있었기 때문입니다. 다행히 보금자리론이라는 정책대출을 통해 이 불리함을 만회할 수 있었고, 만족스러운 수준의 대출을 받을 수 있었습니다.

세 번째는 정책대출과 사내대출, 민간대출까지 자신이 활용할 수 있는 여러 대출상품을 잘 조합해, 본인의 수입과 지출 능력에 맞게 대출상환구조를 설계했다는 것입니다. 박상현 선생님 대출금의 큰 부분을 차지하는 주택담보대출은 정책대출인 보금자리론의 체증식 상환방식을 활용해 차주 단위 DSR 규제도 피하고 1금융권 주택담보대출보다 초기 원리금 상환 부담을 줄였습니다. 모자라는 집값도 공무원연금공단의 주택담보대출이라는 사내대출을 잘 활용해 DSR에 포함되지 않고, 원리금 상환 부담도 줄이는 선택을 합니다. 그리고 결코 무시할 수 없는 세금 및 부대비용 부담에서는 자신의 한도에 맞는 시중은행 마이너스통장과 교직원공제회 대여상품을 잘 조합해서 성공적으로 조달했습니다.

네 번째는 자신이 지킬 수 있는 상환계획을 잘 세웠다는 것입니다. 상담 당시 박상현 선생님은 본인의 수입과 지출 패턴을 비교적 훌륭하게 파악하고 있었고, 그 덕분에 자신이 앞으로 지킬 수 있는 상환계획을 세울 수 있었습니다. 그 덕분에 앞으로 대출 원리금 상환 부담 때문에 밤잠을 설칠 일은 없게 되었습니다.

# 투기과열지구, 가장 효과적인
# 분양대금 마련 방법
### – 인천시 서구 검단신도시 신축아파트 청약에 성공한
### 20년 차 정은주 선생님

경기도에 발령을 받은 후 20년 가까이 도내 이곳저곳을 돌면서 전세를 전전했던 정은주 선생님에게 기쁜 소식이 찾아왔습니다. 경기도 김포시의 전셋집에 거주하던 중 무심코 청약을 넣은 인천시 서구 검단신도시 분양 아파트에 당첨된 것입니다. 얼마 안 되는 추첨제 물량이라 기대도 안 했는데, 때아닌 당첨의 기쁨을 안게 되었습니다. 한동안은 가족들과 함께 내 집 마련의 기쁨을 만끽하며, 서울시의 5성급 호텔 뷔페에도 놀러 가고 이른바 '플렉스'했다고 합니다.

하지만 당첨은 현실이었습니다. 정은주 선생님이 당첨된 전용면적 84㎡(33평) 아파트는 분양가가 6억 원인데, 정은주 선생님이 들고 있는 순자산은 전세금 5억 원 중 대출금을 빼고 1억 5,000만 원이 전부였기 때문입니다. 평소에 재테크나 투자 같은 것은 전혀 몰라서 가진 금융(현금성)자산도 전혀 없습니다. 게다가 정은주 선생님은 당첨이 되고서야 검단신도시가 정부에서 정한 투기과열지구라는 것도 처음 알았다고 합니다. 대출 한도도 집값의 70%까지는 무리 없이 나오는 것으로 생각하고 계셨다네요. 조정대상지역인 김포시 옆 동네니까 비슷하게 생각하면 되겠거니 했는데 그게 아니었던 것입니다. 그렇다면 단순계산으로 정은주 선생님이 받을 수 있는 대출은 6억 원의 40%인 2억 4,000만 원 남짓입니다. 분양대금을 마련하기에는 턱없이 부족한 금액이었습니다. 심지어 분양가 외에도 발코니 확장공사비 1,000만 원, 유상옵션 추가 비용이 500~3,000만 원 정도가 더 들어가지만, 여기에 대해 대출을 받을 방법은 없습니다. 어떻게 마련하더라도 대출 원리금 상환 부담이 만만찮을 것 같습니다. 그리고 언제 어떻게 돈을 마련해서 분양대금을 내야할지…. 당첨의 기쁨은 금세 스트레스로 변했습니다.

　신규아파트 분양은 대개 분양가를 계약금 10%, 중도금 60%, 잔금 30%를 나누어, 이를 순서대로 납입하면 입주일에 내 집 열쇠를 받을 수 있는 구조로 되어 있습니다. 보통 계약금은 수분양자 자신의 돈으로 내는 경우가 많고, 중도금을 치를 때는 건설사가 시중은행과 연계해 시행하는 집단대출을 많이 이용합니다. 물론 무한대로 대출을 받을 수 있는 것은 아니고, 분양지역의 LTV에 맞춰 대출해줍니다. 나머지는 수분양자가 스스로 마련해야 합니다. 잔금을 치를 때는 중도금대출분을 상환하고 잔금을 스스로 냅니다. 여기에 발코니 확장과 유상옵션 설치를 선택하면 추가 비용이 붙습니다. 이 2가지는 집값(취득가)에 포함되어 취득세 산정에도 반영되므로 무리하지 않는 선에서 합리적으로 선택해야 합니다.

챙겨야 할 것은 또 있습니다. 금융당국의 규제로 대표적인 시중은행인 KB국민은행을 시작으로 대출 한도를 축소하기 시작했습니다. KB국민은행은 신규아파트에서 실시하는 중도금대출의 한도를 'KB시세와 감정가격 중 최저가격'에서 '분양가와 KB시세, 감정가격 중 최저가격'으로 변경한 것입니다. 과거에는 정은주 선생님처럼 6억 원에 분양을 받아도 입주 무렵 시세가 올라 감정가나 KB시세가 9억 원 정도에 형성되면 여기에 맞춰 잔금대출을 1억 2,000만 원 더 받고 최대 3억 6,000만 원까지의 대출이 가능했습니다. 그러나 요즘에는 아무리 시세가 올라도 최저가격인 분양가를 기준으로 대출 한도가 책정되기 때문에 정은주 선생님은 분양가의 LTV 40%만 적용해서 기껏해야 2억 4,000만 원의 대출을 받을 수밖에 없는 것입니다. 그나마 발코니 확장 및 유상옵션비를 2,000만 원 선에서 타협을 보기로 합니다.

챙겨야 할 것 하나 더. 정은주 선생님이 분양을 받은 검단신도시는 투기과열지구의 6억 원 초과 아파트(분양가와 발코니 확장 및 유상옵션비를 포함한 금액 기준)로서 취득세에서도 다소 불이익을 받습니다. 기본세율(1.1%)에서 0.43%가 가산된 1.53%의 세율을 적용받고, 취득세의 10%인 지방교육세를 포함하면 1.683%의 세율이 계산됩니다. 기본세율로 계산할 때보다 500만 원 정도의 취득세를 더 부담해야 합니다. 추가되는 세금의 액수가 정은주 선생님의 한 달 세후 월급을 가뿐히 뛰어넘을 만큼 만만찮은 불이익이네요.

| 항목 | 필요금액(만 원) | 비고 |
|---|---|---|
| 분양대금 | 60,000 | 중도금대출 이자 총액은 별도 |
| 중도금대출 이자 총액 | 1,433 | |
| 발코니 확장 및 유상옵션비 | 2,000 | 분양대금과 마찬가지로 계약금-중도금-잔금으로 나누어 납부 |
| 취등록세 | 1,144 | · |
| 법무사 선임비용 | 75 | · |
| 이사비용 | 200 | · |
| 기타 부대비용 | 565 | · |
| **필요금액 총액** | **66,000** | · |

정은주 선생님이 입주하기까지 필요한 자금의 총액

그렇다면 성공적인 입주를 위해 정은주 선생님에게 필요한 돈은 얼마일까요? 집값으로는 LTV를 적용한 대출 최대한도인 2억 4,000만 원을 제외하고 3억 6,000만 원의 자금이 필요합니다. 여기에 발코니 확장 및 유상옵션비 명목으로 2,000만 원도 들어갑니다. 또 중도금대출 이자 총액 1,433만 원도 들어갑니다. 계산의 편의를 위해 2,000만 원이라고 합시다. 여기에 취등록세 1,144만 원과 소유권이전등기 업무 위임을 위한 법무사 선임비용 75만 원, 이사비용 200만 원, 가재도구 구입비와 입주청소비 등 부대비용 565만 원을 추가하면 1,984만 원이 듭니다. 계산의 편의를 위해 2,000만 원이라고 합시다. 이 중 1억 5,000만 원은 잔금을 치를 때 전세금을 돌려받으면서 사용하면 되므로, 실제로 마련해야 하는 돈은 2억 7,000만 원이라고 볼 수 있습니다.

정책대출과 사내대출, 민간은행대출을 차례대로 살펴보았더니 정책대출인 디딤돌대출과 보금자리론은 아파트값까지는 기준을 선정기준을 통과(발코니 확장 및 유상옵션비는 아파트값에서 제외)했지만, 정은주 선생님 부부의 연소득(연 1억 4,430만 원)이 선정기준을 아득히 뛰어넘어 신청할 수 없습니다. 결국, 정은주 선생님은 어쩔 수 없이 사내대출과 민간은행대출을 중심으로 대출계획을 짜보기로 합니다.

급히 서울시에 있는 중견기업에서 근무하는 남편 김태성 씨의 대출 여력을 살폈지만, 아쉽게도 남편 회사에서 제공하는 사내대출은 없었습니다. 어쩔 수 없이 은행을 찾아가서 세전 7,000만 원의 연봉을 받는 남편의 능력을 활용해서 한도 5,000만 원의 마이너스통장을 개설할 수 있다는 상담을 받았습니다. 여기에 28호봉 담임교사로 세전 7,430만 원의 연봉을 받는 정은주 선생님도 한도 5,000만 원의 마이너스통장을 개설할 수 있다는 답변을 받습니다. 단, 마이너스통장은 잔금대출을 받을 때 DSR 산정에 불리하므로, 정은주 선생님의 교직원공제회 대여상품을 먼저 이용하고 그다음에 개설하기로 합니다. 마이너스통장을 포함했더니 부족해지는 자금은 1억 5,000만 원이 되네요.

이제부터 부족한 자금은 정은주 선생님의 사내대출을 최대한 활용할 수밖에 없는데, 이들 부부는 한창 두 자녀의 사교육비로 적지 않은 돈을 쓰고 있었기 때문에 대출 원리금 상환에 매달 많은 돈을 쓰기 힘들다는 것이 문제였습니다. 당첨 당시 정은주 선생님은 평소 한 달에 세후 380

만 원, 김태성 씨가 350만 원 정도를 받고 있었는데, 자녀 사교육비를 포함한 생활비가 월 400만 원 정도였으니, 월 300만 원 안팎에서 대출 원리금 상환 부담을 관리해야 한다는 결론이 나왔습니다. 결국, 한 달에 나가는 대출 원리금을 최대한 줄이는 것이 정은주 선생님 부부의 과제가 되었습니다.

| 금융기관 | 대출명 | 대출금<br>(만 원) | 만기 | 금리 | 상환 방법 | 비고 |
|---|---|---|---|---|---|---|
| 정은주 선생님 부부의 현금<br>(전세금) | | 15,000 | | | . | |
| 정은주 선생님 부부의 월급 | | 1,433 | | | | |
| 1금융권<br>(건설사) | 집단대출<br>(중도금) | 24,000 | 입주일 | 2.8% | 만기일시상환<br>이자 후지급제 | • 대출이자는 입주일에 한꺼번에 정산<br>• 입주일에 잔금대출(주택담보대출)로 전환 |
| 1금융권 | 마이너스통장 | 10,000 | 1년<br>(최대<br>7년) | 3.5% | 만기일시상환 | • 정은주 선생님 부부 각자의 명의로 5,000만 원씩 개설 |
| 교직원공제회 | 최초대여 | 1,000 | 10년 | 2.99% | 원리금균등상환 | • 거치 불가능 |
| | 일반대여 | 7,000 | 10년 | 3.74% | 원리금균등상환 | • 퇴직 시까지 거치 연장 가능 |
| 공무원연금공단 | 주택담보대출 | 7,000 | 12년 | 2.83% | 원리금균등상환 | |
| **필요한 입주자금**(만 원) | | **66,000** | | | | |
| **대출금 총액**(만 원) | | **49,000** | | | | |

필자가 정은주 선생님과 함께 수립한 신규아파트 입주자금 마련계획

이를 위해 정은주 선생님은 교직원공제회 최초대여를 1,000만 원만

받고, 교직원공제회 일반대여 7,000만 원, 공무원연금공단 주택담보대출을 7,000만 원 받기로 합니다. 20년 차의 중견 교사였던 정은주 선생님의 퇴직급여 적립액이 6,000만 원이 넘었고, 교직원공제회의 장기저축급여도 매달 적지 않은 구좌를 약정해 저축하고 있었던 것이 주효했습니다. 신규 발령 이후 지금까지 장기저축급여에 적립된 금액이 2,000만 원을 넘었던 것입니다. 덕분에 정은주 선생님이 두 군데의 사내대출에서 받으려는 대출금 1억 5,000만 원은 서울보증보험의 보증 한도 안에 무난히 들어와서 대출할 수 있었습니다. 또 교직원공제회 최초대여를 한도까지 모두 받아버리면 원리금을 동시에 납부하느라 상환 부담이 늘어나게 됩니다. 그러므로 최초대여는 최소한 적게 받고, 일반대여를 최대한 받기로 합니다. 따라서 거치 기간을 퇴직 시까지 연장할 수 있는 일반대여와 원리금균등상환이지만, 만기(12년)가 비교적 길고 금리(2.83%)가 저렴한 공무원연금공단 주택담보대출을 최대한 활용하기로 합니다.

그러면 시기별로 자금은 어떻게 조달하는 것이 가장 합리적일까요?

| 시기 | 항목 | 필요금액<br>(만 원) | 자금출처 | 조달금액<br>(만 원) | 비고 |
|---|---|---|---|---|---|
| 계약금 | 분양대금 | 6,000 | 교직원공제회(최초) | 1,000 | |
| | 발코니 확장 및<br>유상옵션비 | 200 | 교직원공제회(일반) | 5,200 | |
| 중도금 | 분양대금 | 36,000 | 건설사 집단대출 | 24,000 | |
| | | | 공무원연금공단<br>주택담보대출 | 7,000 | |
| | | | 1금융권 마이너스통장 | 5,000 | |
| | 발코니 확장 및<br>유상옵션비 | 1,200 | 교직원공제회(일반) | 1,200 | |
| 잔금 | 분양대금 | 18,000<br>18,000 | 정은주 선생님 전세금 | 15,000 | |
| | | | 1금융권 마이너스통장 | 3,000 | |
| | 중도금 상환분 | 24,000 | 1금융권 주택담보대출 | 24,000 | |
| | 발코니 확장 및<br>유상옵션비 | 600 | 교직원공제회(일반) | 600 | |
| | 중도금대출 이자 | 1,433 | 정은주 선생님 부부 월급 | 1,433 | |
| 입주 후 | 세금 | 1,184 | 신용카드 무이자할부 | 1,184 | |
| | 법무사 선임비용 | 75 | 1금융권 마이너스통장 | 275 | |
| | 이사비 | 200 | | | |
| | 가재도구 구입비 | 565 | 신용카드 무이자할부 | 565 | |
| **필요금액**(만 원) | | **66,000** | | | |

정은주 선생님 부부가 필자와 함께 수립한 시기별 입주자금 조달방안

먼저 아파트 계약금 6,000만 원과 발코니 확장 및 유상옵션비 계약
금 200만 원은 정은주 선생님의 교직원공제회 최초대여 1,000만 원과
일반대여 5,200만 원을 투입해 해결하기로 합니다. 아파트 중도금 3억
6,000만 원과 발코니 확장 및 유상옵션비의 중도금 1,200만 원은 건설
사의 중도금대출을 최대한도인 2억 4,000만 원까지 받고, 공무원연금
공단 주택담보대출 7,000만 원과 정은주 선생님 부부 중 한 사람 명의

의 5,000만 원 한도 마이너스통장을 이때 개설해 모두 투입하기로 합니다. 그리고 교직원공제회 일반대여 1,200만 원을 더 투입합니다. 이렇게 했더니 중도금 역시 건설사 집단대출분과 자납분, 발코니 확장 및 유상옵션비의 중도금까지 모두 해결되었습니다. 중도금 이자는 잔금일에 모두 정산할 수 있도록 정은주 선생님 부부의 월급에서 꼬박꼬박 모아두도록 합시다.

아파트 잔금 1억 8,000만 원과 중도금 상환분 2억 4,000만 원, 발코니 확장 및 유상옵션비 잔금 600만 원은 먼저 중도금 상환분 2억 4,000만 원부터 일반 주택담보대출로 전환합니다. 정은주 선생님 부부는 의논 끝에 아파트는 공동명의, 주택담보대출을 정은주 선생님 단독 명의로 하기로 합니다. 한 푼이라도 수입이 더 많은 정은주 선생님 앞으로 조금이라도 더 많은 대출 한도를 이끌어내기 위해서입니다. 그렇게 정은주 선생님의 차주 단위 DSR을 계산했더니 다행히 기준에 통과됩니다. 마이너스통장이 차지하고 있던 DSR이 15.53%에 지나지 않았던 것입니다. 여기에 주택담보대출 2억 4,000만 원을 더했더니 DSR이 16.75% 추가되어 총 32.58%, 1금융권의 DSR 규제에 들어오는 데 성공했습니다. 정은주 선생님 부부는 안도의 한숨을 내쉽니다. 여기에 지금 살고 있는 김포 아파트의 전세금 1억 5,000만 원을 잔금 내는 데 투입하기로 합니다. 그리고 남은 3,600만 원은 나머지 한 사람의 마이너스통장 3,000만 원과 교직원공제회 일반대여 600만 원을 투입해 마련하면, 끝입니다. 이렇게 되면 정은주 선생님 부부는 입주일에 무사히 새

아파트 열쇠를 받을 수 있습니다.

마지막으로 입주 후 남은 세금과 부대비용 1,984만 원은 어떻게 해결할까요? 편의상 2,000만 원이라고 치고 계산을 해봅시다. 먼저 취득세 1,184만 원은 단지가 위치한 인천시 서구, 그리고 두 사람이 가지고 있는 카드사 기준으로 신용카드 무이자 할부가 가능합니다. 6개월 무이자 할부 혜택을 이용해, 한 달에 191만 원씩 갚아나가면 됩니다. 가재도구 구입비와 입주청소비 565만 원도 계산해보니, 웬만한 곳에서 6개월 무이자 할부가 가능합니다. 한 달에 94만 원씩 갚아나가면 됩니다. 이렇게 되면 법무사 선임비용 75만 원과 이사비 200만 원까지 총 275만 원만 김태성 씨의 마이너스통장으로 해결하면 됩니다.

그러면 정은주 선생님 부부가 한 달에 부담하는 대출 원리금은 어떻게 될까요?

계약금을 낼 당시부터 중도금 납입이 시작될 때까지는 한 달에 기존의 전세금 대출이자 102만 원과 교직원공제회 최초대여의 원리금 10만 원, 교직원공제회 일반대여에 대한 이자 16만 원까지 월 128만 원만 부담하면 됩니다. 정은주 선생님 부부의 한 달 월급 730만 원에서 생활비 400만 원을 빼면 300만 원이 남으므로, 이자를 내고 난 금액 월 172만 원은 잔금을 치러 입주할 때까지 6개월간 꼬박꼬박 모으도록 합시다.

| 시기 | 대출명 | 항목별 상환금액<br>(만 원) | 총상환금액<br>(만 원) | | 비고 |
|---|---|---|---|---|---|
| 계약금 | 전세금 대출 | 102 | 128 | | 정은주 선생님 부부의 월 수입에서 생활비와 이자를 뺀 금액은 모두 저축 |
| | 교직원공제회(최초) | 10 | | | |
| | 교직원공제회(일반) | 16 | | | |
| 중도금 | 전세금 대출 | 102 | 212~254 | | 입주일에 모두 정산할 수 있도록 저축 |
| | 건설사 집단대출<br>(중도금) | 8~50 | | | |
| | 공무원연금공단<br>주택담보대출 | 57 | | | |
| | 1금융권 마이너스통장 | 15 | | | |
| | 교직원공제회(최초) | 10 | | | |
| | 교직원공제회(일반) | 20 | | | |
| 잔금<br>및<br>입주<br>후 | 1금융권<br>주택담보대출 | 104 | 216 | 501 | 중도금대출을 주택담보대출로 전환함 |
| | 공무원연금공단<br>주택담보대출 | 57 | | | |
| | 1금융권<br>마이너스통장 | 23 | | | |
| | 교직원공제회(최초) | 10 | | | |
| | 교직원공제회(일반) | 22 | | | |
| | 세금 및 부대비용<br>할부금<br>(6개월간) | 285 | 285 | | 계약금을 낼 때 저축했던 한 달 172만 원을 투입해 충당<br>모자라는 234만 원은 김태성 씨의 마이너스통장에서 충당 |

정은주 선생님이 입주하기까지 한 달 원리금 상환 부담 추이

이후 중도금을 낼 때는 전세금 대출 102만 원에 공제회 일반대여 19만 원은 계속해서 내고, 여기에 건설사의 중도금대출에 대한 이자가 8만 원에서 50만 원까지 순차적으로 늘어납니다. 또 공제회 일반대여 이

자 4만 원과 공무원연금공단 주택담보대출 원리금 57만 원, 정은주 선생님 마이너스통장 이자 15만 원이 추가됩니다. 중도금을 납입하는 기간의 한 달 원리금 상환 부담은 218만 원에서 254만 원까지 늘어나게 됩니다. 이때가 조금 힘들 것입니다. 단, 중도금대출 이자는 이때 당장 내지는 않고 입주일에 모두 정산하므로 여기에 해당하는 금액은 모두 저축해놓도록 합시다.

잔금을 내고 나서는 전세금 대출이자 102만 원과 중도금대출 이자 50만 원이 없어지는 대신 주택담보대출 원리금 104만 원이 추가됩니다. 여기에 교직원공제회 최초대여 이자 10만 원, 일반대여 이자 22만 원, 공무원연금공단 주택담보대출 원리금 57만 원, 정은주 선생님의 마이너스통장 이자 15만 원과 김태성 씨의 마이너스통장 이자 8만 원까지 총 216만 원의 원리금을 내고 살아야 합니다. 하나 더. 입주 후 6개월간은 한 달에 취득세와 가재도구 구입비의 할부금 285만 원을 더 내야 하는데, 계약금을 낼 때 한 달 172만 원을 저축해놓았으므로 실제 부담은 113만 원으로 줄어듭니다. 다만 이렇게 되면 입주 후 첫 6개월간은 수입에서 생활비, 대출 원리금을 모두 내고 월 29만 원, 총 174만 원의 적자가 발생하는데 이것은 김태성 씨의 마이너스통장 한도 내에서 메우면 됩니다. 잔금일 기준으로 김태성 씨의 마이너스통장 한도가 2,000만 원이나 남아 있기 때문입니다.

헉헉…. 복잡하지요? 이러면 6개월 후에는 한 달 216만 원의 원리금만 내고 살아가면 되니 정은주 선생님 가정의 형편에 충분히 부담할 만

한 수준이라고 할 수 있습니다. 차주 단위 DSR 규제에도 당연히 걸리지 않습니다.

| 우선<br>순위 | 금융기관 | 대출명 | 대출금<br>(만 원) | 줄어드는 월 원리금<br>상환 부담<br>(만 원) | 상환 소요기간<br>(년) |
|---|---|---|---|---|---|
| 정은주 선생님 부부의 1년 대출상환여력 | | | 2,620 | 216~ | · |
| 1 | 1금융권 | 마이너스통장 | 8,509 | 23 | 3.2 |
| 2 | 공무원연금공단 | 주택담보대출 | 5,500 | 57 | 2.0 |
| 3 | 교직원공제회 | 최초대여 | 1,000 | 10 | 0.4 |
| 4 | 교직원공제회 | 일반대여 | 7,000 | 22 | 2.7 |
| 5 | 1금융권 | 주택담보대출 | 24,000 | 104 | 30 |

입주일 기준 정은주 선생님 부부의 대출상환계획

마지막으로 대출은 어떻게 상환하는 것이 좋을까요? 먼저 DSR 산정에 가장 치명적인 두 사람의 마이너스통장 8,509만 원부터 하루빨리 갚아야 합니다. 입주 전 마이너스통장을 처음 개설할 때부터 바로 상환에 들어가 정은주 선생님의 보너스 1,320만 원과 김태성 씨의 상여금 1,300만 원 등 연 2,620만 원을 모두 투입하면 약 3년 만에 갚을 수 있습니다. 그러면 3년 후에는 대출 원리금 상환 부담이 월 200만 원 정도로 떨어져 있을 것입니다.

이후에는 공무원연금공단 주택담보대출을 갚습니다. 두 사람이 마이너스통장을 모두 상환하는 동안 공무원연금공단 대출도 1,500만 원 정도를 갚아 5,500만 원 정도의 대출금이 남아 있을 텐데, 이는 두 사람의 보너스로 2년이면 갚을 수 있습니다.

이 대출까지 갚고 나면 5년 후에는 대출 부담이 월 140만 원 정도로 떨어져 있을 것입니다. 이후에는 공제회 최초대여와 일반대여 7,500만 원을 차례로 갚습니다. 이 역시 두 사람의 보너스만 모두 투입해도 3년 정도면 모두 갚을 수 있습니다.

이렇게 8년 정도만 고생하면 앞으로는 주택담보대출 2억 4,000만 원만, 한 달에 104만 원씩 천천히 갚아나가면 됩니다. 그때부터는 중도 상환수수료도 없으므로 목돈이 생길 때마다 갚고 싶은 만큼 상환해 나가면 원리금을 줄일 수 있을 것입니다. 이렇게 정은주 선생님은 자신이 가지고 있는 돈 1억 5,000만 원만 가지고 6억 원짜리 아파트 분양을 성공적으로 마칠 수 있게 되었습니다.


그러면 정은주 선생님의 사례에서 우리가 배울 점을 알아봅시다.

첫 번째는 먼저 '묻지 마 청약'은 제발 하지 말자는 것입니다. '선당후곰(일단 당첨만 되면 그다음부터 고민한다)'이란 말은 제발 머릿속에서 깔끔히 지우시기 바랍니다. 내 집 마련이 절박한 무주택자 선생님 입장에서는 무슨 소리냐 싶겠지만, 정말이지 저를 찾아왔을 때의 정은주 선생님은 당시까지 자금계획이 전!혀! 되어 있지 않은 상태였습니다. 그 상태에서 무작정 이 단지, 저 단지 청약을 넣어본 것입니다.

제가 다 소름이 끼쳤습니다. 그러다 자금이 펑크 나서 청약 포기하면 청약통장이 날아가고 향후 10년간 청약이 제한됩니다. 무슨 생각이셨는지 솔직히 이해가 가지 않았습니다. 자금계획을 철저히 세우고 청약에 나서도 절대 늦지 않습니다.

두 번째는 정부와 금융당국, 은행에서 내놓은 규제와 제도들을 꼼꼼히 챙기는 것입니다. 정은주 선생님은 가장 기초적인 검단신도시 아파트의 LTV 한도부터 잘못 생각했다가 큰일 날 뻔했습니다. 시중은행들이 중도금과 잔금대출 한도를 축소하겠다고 나선 방침도 몰랐습니다. 그나마 공무원연금공단 주택담보대출을 받는 데 성공했으니 망정이지 만약 실패해서 7,000만 원이 펑크 났으면 2금융권까지 알아봐야 할 수도 있었습니다.

세 번째는 신규아파트 분양에 필요한 비용을 꼼꼼히 챙겨야 한다는 것입니다. 신규아파트 청약을 생각하시는 분들은 급한 마음에 분양가만 생각합니다. 세금과 부대비용까지 꼼꼼히 챙겨서 빈틈없는 계획을 세울 줄 알아야 합니다.

# 똑같은 신도시 안에서도 다른 대출 한도, 사전에 대출조건을 꼼꼼히 살피자

### – 서울시 송파구 위례신도시 '미친 영끌'에 도전한 20년 차 김혜진 선생님

정은주 선생님의 상담 소식을 들은 다른 선생님으로부터 또 연락이 왔습니다. 정은주 선생님의 교대 동기로, 임용시험에 함께 합격해서 경기도 성남시에서 초등교사로 근무하는 김혜진 선생님이었습니다.

경기도 용인시의 전세금 8억 원짜리 아파트에 거주하고 있었던 김혜진 선생님은 더 나은 인프라가 갖춰진 곳에서 자녀교육을 위해 지금보다 상급지로 이사를 하고 싶다는 생각을 하게 됩니다. 처음에는 인근 분당신도시나 판교신도시로 이사할 생각을 했지만, 이곳의 집값이 김혜진 선생님 가정의 상황과 비교해 너무 부담되어 포기하고 말았습니다.

어떻게 해야 할지 갈피를 잡지 못하고 우왕좌왕하던 중에, 평소 친하게 지내던 교회 언니에게서 10억 원 정도면 괜찮은 준신축 이상의 30평형대 아파트를 잡을 수 있는 지역이 있다고 소개를 받았습니다. 그 언니가 이미 들어가 살고 있었던 곳은 바로 서울시 송파구에 있는 위례신도시였습니다. 언니의 추천을 받고 임장을 다녀온 김혜진 선생님은 지어진 지 얼마 안 되어 깔끔하게 꾸며진 위례신도시의 모습을 보고 반해버립니다. 당시 전세대출 3억 원을 빼고 5억 원의 순자산이 준비되어 있었던 김혜진 선생님은 언니의 사례를 미뤄 볼 때 LTV 50%를 모두 대출받으면 충분히 가능하리라고 보고 위례신도시 입성에 도전하기로 합니다. 그리고 언니가 입주한 곳의 바로 옆 단지에 가서 매매계약을 체결한 후 가계약금 1,000만 원까지 일사천리로 입금하고 왔습니다. 이때까지만 해도 별문제가 없는 듯싶었지요.

그런데 이게 웬일입니까? 김혜진 선생님은 국내 신도시 중 위례신도시만 가지고 있는 특이한 사실 하나를 모르고 있었습니다. 위례신도시는 다른 신도시와 다르게 부지가 서울시 송파구와 경기도 성남시, 하남시 3개 지자체에 걸쳐 조성되어 있습니다. 그러다 보니 언니가 입주한 단지는 경기도 하남시 위례동에 속해 있는데, 김혜진 선생님이 매수계약을 체결한 아파트는 서울시 송파구 위례동에 속해 있었습니다. 김혜진 선생님은 언니 말만 듣고 위례신도시가 당연히 하남에 있는 것으로 생각하고 있었는데, 알고 보니 김혜진 선생님의 단지는 서울시 담당이었던 것입니다.

게다가 집값도 언니가 말했던 것보다 비쌌습니다. 김혜진 선생님이 찾아갈 당시 언니네 단지와 해당 단지의 시세는 언니가 입주할 때보다

30% 이상 올라 저층 기준 13억 원, 중층 이상 로열층이 14억 원 정도에 형성되어 있었습니다. 그래도 LTV 50%를 적용받을 수 있다면 주택담보대출과 이런저런 대출을 끌어들여 승산이 있다고 판단했지만, 순식간에 일이 어그러지게 생겼습니다. 그나마 매도인의 배려로 가계약금을 1,000만 원만 먼저 넣은 것이 다행이라면 다행이랄까….

언니가 입주할 때에 비해 수도권 부동산 규제가 강화된 것도 문제였습니다. 서울시의 25개 자치구는 통째로 투기지역이 되었고, 조정대상지역으로서 LTV 50% 적용을 받을 수 있었던 경기도 하남시도 9억 원 이상의 주택에 한해서는 9억 원 이내의 금액에 대해서만 LTV 50%를 적용받고, 9억 원을 초과하는 금액에 대해서는 LTV 30%가 적용됩니다. 김혜진 선생님의 단지는 투기지역이기 때문에 더욱 강한 규제를 받아 9억 원 이내의 금액에 대해서 LTV 40%, 9억 원 초과분에 대해서 20%의 적용을 받아 대출을 받을 수 있습니다. 그마저도 매매가 15억 원이 넘는 순간에는 주택담보대출이 아예 나오지 않습니다. 1억 원만 더 비쌌어도 김혜진 선생님은 위례신도시 아파트 구입을 아예 포기할 뻔했습니다.

따라서 언니가 입주할 때는 10억 원짜리 아파트를 LTV 50% 적용을 받아 주택담보대출 5억 원을 끼고 매수할 수 있었지만, 지금은 13억 원짜리 아파트를 겨우 4억 4,000만 원의 주택담보대출만 받고 매수할 수 있게 된 것입니다. 심지어 이 중 3,700만 원은 방공제 대상이 되어 서울보증보험의 보증을 껴야만 한도 내 전액 대출이 나옵니다. 나머지 8억 6,000만 원은 온전히 김혜진 선생님 가족의 힘으로 마련해야 합니다. 아, 깜박했는데 취득세 4,290만 원과 공인중개사 중개보수(복비) 858만 원, 이사비용과 입주청소비, 양가 부모님께 받은 돈에 대한 증여세 등 부대비용 850만 원까지 6,000만 원은 덤입니다. 김혜진 선생님께는 총 9억 2,000만 원이 필요하네요. 과연 김혜진 선생님은 이 큰돈을 준비하는 데 성공할 수 있을까요?

| 필요한 자금 | 금액 (만 원) | 자금출처 | 금액 (만 원) | 비고 |
|---|---|---|---|---|
| 집값 | 130,000 | 김혜진 부부 전세금 | 50,000 | 대출금 제외한 액수 |
| | | 1금융권 주택담보대출 | 44,000 | 9억 원 이내 40%, 초과분 20% 대출 |
| | | 양가 지원(증여) | 15,000 | 증여세 과세대상 |
| | | 남편 사내대출 | 15,000 | |
| 세금 및 부대비용 | 5,998 | 교직원공제회 (일반대여) | 7,800 | 취득세, 증여세, 법무사 선임비용, 이사비, 입주청소비 등 |
| | | 남편 마이너스통장 | 4,200 | |
| 총비용(만 원) | 135,998 | 조달할 자금 총액 (만 원) | 136,000 | |

필자가 김혜진 선생님과 함께 수립한 자금계획

일단 9억 2,000만 원 중 현재 사는 집의 전세금 5억 원(대출 제외)은 이미 준비되어 있습니다. 여기에 천군만마 같은 소식이 들려옵니다. 김혜진 선생님의 사정을 딱하게 여긴 친정에서 1억 원의 자금을 증여해주시기로 한 것입니다. 시댁에서도 5,000만 원을 지원해주시기로 했습니다. 이제 김혜진 선생님은 2억 7,000만 원만 더 마련하면 됩니다.

마침 서울시에 있는 대기업에 다니는 남편 양준호 씨도 1억 5,000만 원의 사내대출이 가능하다는 소식이 들려옵니다. 이제는 진짜 김혜진 선생님의 능력으로 남은 집값을 마련해야 할 때입니다.

김혜진 선생님이 매수하는 아파트는 매매가 13억 원으로, 정책대출은 애초에 포기할 수밖에 없습니다. 김혜진 선생님의 세전 소득이 7,430만 원, 양준호 씨의 세전 소득이 9,500만 원 정도로서 소득 기준에도 부합하지 못합니다. 결국, 남은 돈은 김혜진 선생님의 사내대출과 민간대출을 최대한 끌어들여 마련해야 하겠습니다.

김혜진 선생님과 양준호 씨 부부는 세금을 제하고 매월 850만 원의 월급이 통장에 꽂힙니다. 28호봉 담임교사인 김혜진 선생님이 월 380만 원, 양준호 씨가 470만 원을 수령하기 때문입니다. 이 중 생활비가 한 달에 400만 원 정도 늘어가니 원리금 상환 부담이 한 달에 450만 원을 넘으면 곤란합니다. 과연 어떻게 하면 한 달에 내는 원리금 상환 부담을 최소화하면서 남은 대출 1억 2,000만 원을 받을 수 있을까요?

일단 교직원공제회 대출을 알아봅시다. 최초대여 3,000만 원은 이미 이용한 적이 있으니 일반대여 조건으로 최대 1억 원을 빌릴 수(…) 있는 줄 알았지만, 김혜진 선생님의 경우에는 한도가 좀 줄어듭니다. 주택담보대출을 받는 과정에서 방공제 3,700만 원을 메우느라 서울보증보험의 보증지원을 받았기 때문입니다. 공제회에서 대출을 받으려면 김혜진 선생님의 이름으로 적립된 장기저축급여 1,500만 원을 포함해 최대 한도 7,800만 원까지만 대출을 받을 수 있습니다. 이렇게 되면 보증보험 한도를 모두 소진했기 때문에 공무원연금공단 주택담보대출은 아예 받을 수도 없습니다. 아직도 4,200만 원이 모자랍니다.

김혜진 선생님과 양준호 씨는 떨리는 마음으로 은행을 찾아갑니다. 주택담보대출을 김혜진 선생님 명의로 받았으니, 양준호 씨 명의로 4,200만 원씩 7년 만기(1년 단위 재연장)의 마이너스통장 대출을 받기 위해서입니다. 다행히 통과됩니다. 양준호 씨의 명의로 받은 대출은 사내대출이 전부였고, 이마저도 DSR에 잡히지 않았기 때문에 커트라인(40%)까지 여유가 넉넉했던 것입니다. 이렇게 김혜진 선생님 부부는 불가능할 것만 같았던 9억 2,000만 원 '영끌'에 성공합니다. 기적 같은 일이었네요.

그러면 김혜진 선생님 가족이 받은 대출의 조건은 무엇이고, 한 달에 부담해야 할 대출 원리금은 얼마일까요?

| 금융기관 | 대출명 | 대출금 (만 원) | 금리 | 만기 | 상환방식 | 한 달 원리금 상환 부담 (만 원) |
|---|---|---|---|---|---|---|
| 1금융권 | 주택담보대출 | 44,000 | 3.2% | 30년 | 원리금균등상환 | 199 |
| 남편 직장 | 사내대출 | 15,000 | 2.5% | 10년 | 만기일시상환 | 25 |
| 교직원공제회 | 일반대여 | 7,800 | 3.74% | 10년 | 원리금균등상환 (거치 연장 가능) | 24 |
| 1금융권 | 마이너스통장 | 4,200 | 3.2% | 7년 | 만기일시상환 | 11 |
| 대출금 총액(만 원) | | 71,000 | | | · | |
| 한 달 원리금 상환 부담 총액(만 원) | | | | | | 259 |

김혜진 선생님 부부가 받은 대출상품 조건

먼저 주택담보대출 4억 4,000만 원은 30년간 금리 3.2% 원리금균등상환방식을 택합니다. 여기에 양준호 씨의 사내대출 1억 5,000만 원이 10년간 금리 2.5% 만기일시상환이라는 아주 환상적인 조건으로 나왔습니다. 공제회 일반대여 7,800만 원이 10년간 금리 3.74% 원리금균등상환(퇴직 시까지 거치 가능)으로 나왔고, 양준호 씨의 마이너스통장 4,200만 원이 7년간 금리 3.2% 만기일시상환으로 나왔습니다. 이렇게 되면 주택담보대출에서 한 달에 199만 원을 내고 양준호 씨의 사내대출로 한 달에 이자 25만 원을 냅니다. 그리고 공제회 일반대여도 한 달에 이자 24만 원을 냅니다. 마지막으로 양준호 씨의 마이너스통장 이자로 한 달에 11만 원을 내면 모두 259만 원을 내게 됩니다. 김혜진 선생님 부부에게 한 달에 450만 원의 여윳돈이 생기는 것을 생각하면 정말 너무 다행이네요.

그러면 김혜진 선생님 부부의 대출상환계획을 살펴봅시다.

| 우선순위 | 금융기관 | 대출명 | 대출금 | 줄어드는 월 원리금 (만 원) | 상환소요 시간(년) |
|---|---|---|---|---|---|
| 김혜진 선생님 부부의 연 대출상환여력(만 원) | | | 5,612 | 259 | · |
| 1 | 남편 직장 | 사내대출 | 15,000 | 25 | 2.7 |
| 2 | 1금융권 | 남편 마이너스통장 | 4,200 | 11 | 0.7 |
| 3 | 교직원공제회 | 일반대여 | 7,800 | 24 | 1.3 |
| 4 | 1금융권 | 주택담보대출 | 44,000 | 199 | 30 |

김혜진 선생님이 필자와 함께 수립한 대출상환계획

일단 어느덧 나이가 45세인 양준호 씨가 언제 현재 직장에서 퇴사할지 모르기 때문에 양준호 씨의 사내대출과 마이너스통장 1억 9,200만 원부터 갚도록 합시다. 김혜진 선생님 부부의 한 달 수입에서 대출 원리금을 내고 남은 돈 191만 원×12개월 해서 2,292만 원과 김혜진 선생님의 보너스 1,320만 원, 그리고 양준호 씨의 보너스 2,000만 원까지 1년에 모을 수 있는 총 여윳돈 5,600만 원을 꼬박 투입하면 3년여 만에 얼추 대출을 모두 갚을 수 있습니다. 이렇게 되면 김혜진 선생님 부부의 보너스로 그동안 즐겨왔던 해외여행이나 낚시 등의 취미를 모두 포기해야 하지만 어쩔 수 없습니다. 3년만 고생하면 양준호 씨의 퇴사를 걱정하지 않아도 되고, 한 달 36만 원의 원리금 상환 부담이 없어집니다.

그다음에는 김혜진 선생님의 명의로 받은 교직원공제회 일반대여 7,800만 원을 갚도록 합시다. 양준호 씨 명의의 대출을 모두 갚아 늘어난 연 372만 원의 여유를 더해 1년 여윳돈 6,032만 원을 원금 갚는 데 꼬박 투입하면, 김혜진 선생님 명의의 대출들을 1년 좀 넘는 기간에 모두 갚을 수 있습니다. 이렇게 되면 2년 후 월 24만 원의 원리금 상환 부담이 또 없어집니다. 지난 5년간을 모두 따져보니 한 달 60만 원의 원리금 상환 부담이 없어지네요.

이제는 급한 불을 껐으니 조금 숨통이 트일 것 같습니다. 이제부터는 이미 한 달 이자가 200만 원 안쪽으로 들어왔으니, 앞으로는 천천히 주택담보대출 원리금만 갚으며 살아도 됩니다. 물론 조금 욕심을 낸다면 두 사람의 1년 여윳돈 중 3,000만 원만 투입해서 주택담보대출을 중도상환하는 데 보태도 괜찮겠습니다. 이때부터는 주택담보대출의 중도상환수수료가 없어지기 때문에 여윳돈이 생기는 즉시 대출을 갚아나가면 좋습니다. 월급으로 갚는 원금 1,000~1,500만 원에 여윳돈 3,000만 원을 보태면 1년에 4,000~4,500만 원 정도를 갚을 수 있고, 이렇게 되면 10~15년 안에 모든 주택담보대출도 갚을 수 있지 않을까 조심스럽게 예상해봅니다. 그러면 김혜진 선생님 부부는 내 집도 생기면서 편안한 노후를 즐길 수 있을 것입니다.

김혜진 선생님과 이야기를 나누면서 참 안타까웠습니다. "꼭 이렇게 했어야만 했나?" 하는 생각이 강하게 들었습니다. 더 좋은 곳에 살고 싶은 마음을 모르는 것은 아니지만, 자산 대비 무리한 영끌로 너무 많은 것을 포기해야만 했기 때문입니다. 인생의 전성기이자 자녀들과 많은 추억을 쌓을 수 있는 40대에 숨만 쉬고 살면서, 한 달에 450만 원이나 되는 돈을 대출 갚으며 사는 삶이 과연 행복할까, 그런 의문이 들었습니다. 김혜진 선생님이 조금만 현실과 타협해서 자산규모에 맞는 집을 골랐더라면 5년간 취미생활을 포기할 일도 없었을 것입니다.

　여담이지만 3기 신도시인 광명시흥신도시 아파트들이 분양할 때도 김혜진 선생님과 같은 사례가 벌어질 가능성이 높을 것 같습니다. 광명시흥신도시 역시 경기도 광명시와 시흥시 2개 지자체에 걸쳐 조성되는데, 광명시는 투기과열지구에 속하고 시흥시는 조정대상지역에 속하기 때문입니다. 요즘에는 과거처럼 서로 다른 지방자치단체 간 행정구역 조정이 일어나는 일이 거의 없기 때문에, 김혜진 선생님처럼 길 하나, 아파트 담장 하나 차이로 대출조건이 갈리는 사태가 또 벌어질 수도 있겠다는 생각이 듭니다. 만약 이곳에 청약을 도전하실 독자들께서는 분양 공고문에 나오는 현장 위치를 정확히 파악하셔서, 자금계획을 세우는 데 신중을 기하셔야 할 것 같습니다.

# 수입이 적고 불안정한데
# 대출이 잘 나올 수 있을까?
### – 수도권에 내 집을 마련하고 싶은 30대 프리랜서 강사 오준영 씨

경기도 부천시에서 중고생 대상 과외 강사로 일하는 오준영 씨는 두 아이를 키우는 30대 가장입니다. 지금은 한국토지주택공사(LH)에서 제공하는 임대아파트에 살고 있지만, 아내와 아이들까지 네 식구가 편히 누울 수 있는 내 집이 꼭 생길 것이라 믿으며 열심히 살아가는 평범한 사회인이었습니다.

그러던 중 오준영 씨 가족에 기쁜 소식이 찾아왔습니다. 집 근처인 경기도 부천시 옥길지구에서 분양하는 신축아파트 청약에 당첨된 것이었습니다. 당첨 소식을 들었을 때의 그 기분은 말도 못 할 정도였다고 하네요. 하염없이 흐르는 눈물로 옷을 온통 적셨다고 합니다.

그러나 오준영 씨는 얼마 지나지 않아 고민에 휩싸이게 됩니다. 분양가인 5억 5,000만 원보다 준비된 돈이 너무나 없었기 때문입니다. 오준영 씨에게 준비된 돈은 과외 강사를 하며 틈틈이 모은 1억 원이 전부였습니다. 4억 5,000만 원은 꼼짝없이 대출이든 뭐든 외부에서 마련해야 했습니다. 또 문제는 오준영 씨와 아내인 김지은 씨의 불안정한 고용상태에 있었습니다. 오준영 씨는 과외 강사에 투잡과 쓰리잡으로 모 배달 플랫폼의 배달기사(라이더)와 대리운전 기사를 뛰고 있었고, 김지은 씨는 공립학교의 무기계약직(교육공무직)으로 일하고 있었습니다. 당장 마련된 돈도 부족한데, 나날이 강화되는 금융당국의 대출 규제를 생각하면 은행에서 충분히 대출을 받을 수 있을지도 확실하지 않았습니다. 오준영 씨 부부와 같은 사례는 필자도 처음 겪어본 상담 사례라 무척이나 머리가 아팠습니다.

먼저 필자는 오준영 씨 부부에게 최근 2년간 원천징수영수증을 발급받아볼 것을 권했습니다. 은행에 증빙 가능한 두 사람의 연소득을 계산해봐야 구체적인 대출 가능 규모가 잡히기 때문입니다. 그 결과 오준영 씨는 월 450만 원, 연 5,400만 원 정도의 수입을 올리는 꽤 유능한 과외 강사였지만, 은행에 이를 증빙할 방법이 마땅치 않다는 것이 문제였습니다. 오준영 씨가 공식적으로 증빙할 수 있는 소득은 투잡과 쓰리잡으로 버는 연 1,500만 원이 전부였고, 그나마 사정이 나은 김지은 씨는 학교에서 일하며 연 4,000만 원의 소득을 벌고 있는 것을 확인했습니다. 그 결과 큰 규모의 대출은 김지은 씨의 명의를 이용해야겠다는 판단이 섰습니다.

필자는 혹시나 해서 오준영 씨 부부가 아파트를 분양받은 시기도 물었습니다. 2019년 9월이었습니다. 골똘히 생각에 빠진 필자는 '이거다' 싶었습니다.

먼저 필자가 주목한 것은 대출 규제였습니다. 지금은 부천시가 조정대상지역으로 LTV 50%의 규제를 받고 있지만, 오준영 씨 부부가 아파트를 분양받을 당시 2019년 9월 당시 부천시는 정부의 부동산 규제를 받지 않는 비규제지역이었습니다. 부천시가 조정대상지역에 처음 포함된 것은 2020년 6·17 부동산 대책 때입니다. 당시 정부는 6·17 부동산 대책 이전에 분양을 받은 단지의 LTV는 규제 이전 기준을 적용하겠다고 발표했습니다. 따라서 오준영 씨 부부는 LTV 70%를 적용받아 주택담보대출을 받을 수 있습니다. 여기에 윤석열 정부 들어 생애 최초로 주택을 구입하는 경우에는 10%의 LTV가 덧붙여져, 분양가의 80%를 주택담보대출로 조달할 수 있습니다.

중도금 및 잔금대출 규제와 차주 단위 DSR 규제에서도 한층 더 자유롭습니다. 중도금대출은 규제 이전 LTV를 적용받아 분양가의 60%인 중도금 전액을 은행 대출로 조달할 수 있습니다. 분양가의 30%를 차지하는 잔금 중 10%도 대출이 가능합니다. 분양가의 70%인 3억 8,500만 원까지는 대출할 수 있는 셈입니다. 또 정부가 2021년에 발표한 4·29 가계부채대책에 따라 대책 이전에 분양받은 아파트 단지에 대해서는 대출금액이 2억 원을 넘어도 차주 단위 DSR 규제를 적용하지 않는 것 역시 다행이라 할 수 있었습니다.

여기에 오준영 씨의 본가에서 계약금에 사용할 5,500만 원을 증여의 형태로 지원했습니다. 단 본가의 증여액 전액을 오준영 씨 명의로 받으면 약 50만 원 정도의 증여세가 발생하기 때문에, 오준영 씨와 두 아들(미성년자)의 명의로 각각 3,000만 원, 2,000만 원, 500만 원씩 증여를 받았다고 합니다. 증여세를 절세하기 위해 현명한 선택을 한 셈입니다.

그러면 오준영 씨는 분양대금 5억 5,000만 원을 어떻게 조달하면 좋을까요?

사실 오준영 씨가 조달해야 하는 금액은 5억 5,000만 원이 아닙니다. 발코니 확장 및 유상옵션비까지 더하면 3,000만 원이 더 듭니다. 여기에 입주일에 정산하는 중도금대출 이자와 소유권이전등기비용, 이사비와 부대비용을 더하면 8,000만 원은 더 필요합니다. 6억 3,000만 원은 필요한 셈입니다.

| 항목 | 필요금액(만 원) | 비고 |
|---|---|---|
| 분양대금 | 55,000 | 중도금대출 이자 총액은 별도 |
| 중도금대출 이자 총액 | 2,970 | · |
| 발코니 확장 및 유상옵션비 | 3,000 | 분양대금과 마찬가지로 계약금-중도금-잔금으로 나누어 납부 |
| 취등록세 | 765 | 채권할인료 160만 원 포함 |
| 법무사 선임비용 | 70 | · |
| 이사비용 | 200 | · |
| 기타 부대비용 | 995 | 가재도구 구입비용, 입주청소비 등 |
| **필요금액 총액** | **63,000** | · |

오준영 씨가 입주하기까지 필요한 자금의 총액

그렇다면 오준영 씨는 6억 원이 넘는 큰돈을 어떻게 마련할 수 있을까요?

앞에서 언급한 대로 큰 규모의 대출은 아내인 김지은 씨의 명의를 이용하는 것이 좋겠습니다. 비규제지역 시절 분양받은 아파트라 LTV 70%가 적용되고, 여기에 생애 최초 구입에 해당하므로 LTV 10%가 가산된다는 점 역시 빼놓을 수 없습니다. 총분양가가 5억 5,000만 원이므로 분양가의 80%인 4억 4,000만 원까지는 주택담보대출이 나오는 셈입니다. 그러나 한도를 꽉 채워 대출받으면 원리금 상환 부담이 월 190만 원으로 과도해지므로, 월 150만 원으로 줄일 수 있도록 대출을 3억 4,000만 원까지만 받읍시다.

| 금융기관 | 대출명 | 대출금 (만 원) | 금리 | 만기 | 상환방식 | 한 달 원리금 상환 부담 (만 원) |
|---|---|---|---|---|---|---|
| 1금융권 | 주택담보대출 | 34,000 | 3.5% | 30년 | 원리금 균등상환 | 153 |
| 교직원 공제회 | 일반대여 | 10,000 | 3.99% | 10년 | 원리금 균등상환 (거치 연장 가능) | 33 |
| 1금융권 | 마이너스통장 | 2,000 | 4% | 10년 | 만기일시상환 (1년 단위 재연장 가능) | 7 |
| 대출금 총액(만 원) | | 46,000 | | | · | |
| 한 달 원리금 상환 부담 총액(만 원) | | | | | | 193 |

필자가 오준영 씨 부부와 함께 수립한 대출계획

여기에 오준영 씨 부부가 그동안 모은 돈 1억 원과 본가 부모님으로부터 증여받는 돈 7,000만 원을 덧붙입니다. 아내 김지은 씨가 교육공무직으로 일하는 점을 감안해 한국교직원공제회에서 일반대여로 1억 원을 받습니다. 여기에 오준영 씨의 명의로 한도 2,000만 원짜리 마이너스통장을 뚫는다면 6억 3,000만 원을 마련할 수 있습니다.

그러면 두 사람의 대출은 어떻게 상환하는 것이 좋을까요?

| 우선 순위 | 금융기관 | 대출명 | 대출금 | 줄어드는 월 원리금 (만 원) | 상환소요시간 (년) |
|---|---|---|---|---|---|
| 오준영 씨 부부의 연 대출상환여력(만 원) | | | 3,600 | 193 | · |
| 1 | 1금융권 | 마이너스통장 | 2,000 | 7 | 1.6 |
| 2 | 교직원공제회 | 일반대여 | 10,000 | 33 | 7.8 |
| 3 | 1금융권 | 주택담보대출 | 34,000 | 153 | 13.2 |

오준영 씨가 필자와 함께 수립한 대출상환계획

먼저 오준영 씨의 DSR에 가장 치명적인 영향을 끼치는 마이너스통장부터 하루빨리 갚읍시다. 한 달에 700만 원 남짓 수입을 올리는 오준영 씨 부부가 앞의 표에 나온 대로 193만 원이 아닌 300만 원을 한 달에 대출을 갚는 데 투입한다고 생각하면 한 달에 107만 원을 마이너스통장을 갚는 데 활용할 수 있습니다. 그러면 1년 7개월 정도면 대출을 모두 상환할 수 있습니다.

다음에는 김지은 씨가 교직원공제회에서 받은 일반대여를 갚습니다. 사실 김지은 씨는 교육공무직으로서 교사와 동일한 정년을 보장받아 급하게 대여금을 갚을 필요가 없지만, 그래도 월 원리금을 하루빨리 줄이기 위해 오준영 씨의 마이너스통장을 갚을 때와 같은 속도로 갚아나가기로 합니다. 이렇게 계산해보니 대여금을 완전히 상환하는 데 7년 9개월 정도가 소요됩니다. 두 대출을 합쳐 10년 남짓이면 한 달에 대출 원리금 40만 원이 줄어드는 셈입니다.

마지막으로는 주택담보대출을 갚아봅시다. 두 사람이 1금융권 마이너스통장과 교직원공제회 일반대여를 모두 상환한 시점이면 주택담보대출도 7,000만 원 정도는 상환했을 것이라는 계산이 나옵니다. 남은 대출원금은 2억 7,000만 원입니다. 오준영 씨는 평소에도 약 73만 원 정도의 원금을 갚아나가지만, 여기에 마이너스통장과 일반대여를 갚던 100만 원을 더해 한 달에 170만 원씩 원금을 갚아봅니다. 그러면 13년 2개월이면 됩니다. 총 22년 6개월이면 오준영 씨 부부의 대출을 모두 갚을 수 있는 셈입니다. 오준영 씨 부부의 나이를 고려할 때 교육공무직으로 일하는 김지은 씨가 퇴직할 때까지 모두 갚을 수 있는 분량입니다.

오준영 씨의 사례를 상담하면서 하마터면 대출이 나오지 않을까 필자도 전전긍긍했습니다. 오준영 씨 부부의 수입 수준에 부담스러운 것은 아닌지 걱정도 되었지만, 다행히도 감당할 만한 수준의 대출이었습니다. 오준영 씨 부부가 행복하게 미래를 꿈꾸며 살아가기를 진심으로 기원했습니다.

# 가장 효과적인 생활자금 마련 방법과
# 빠른 상환 방법

– 둘째 육아휴직 기간, 생활자금 마련이 급한 15년 차 송아름 선생님

대전시에서 초등교사로 근무하는 송아름 선생님은 요즘 큰 고민에 빠졌습니다. 첫째 아들을 6살까지 잘 키우던 도중 선생님의 가정에 새 생명의 축복이 찾아왔기 때문입니다. 막 태어난 딸의 예쁜 웃음을 보기만 해도 행복했던 마음은 잠시였습니다. '도대체 둘째 아이는 어떻게 키워야 하나?' 하는 근본적인 고민에 봉착하게 됩니다.

송아름 선생님은 첫째를 낳았을 때도 자녀 1명당 육아휴직 상한인 3년을 꽉 채워 휴직한 적이 있습니다. 전라남도에 있는 친정과 서울시에 있는 시댁 모두 선생님이 사시는 대전에서 너무 멀어 육아의 도움을 전혀 받을 수가 없었기 때문입니다. 게다가 주말부부였던 송아름 선생님의 남편 김민수 씨는 대구광역시에 있는 모 공기업에서 순환 근무를 하고 있습니다. 송아름 선생님이 사는 대전 도안신도시 주변에는 아기를

맡길 만한 어린이집도 찾기 어려웠다고 합니다. 그러니 앞으로는 송아름 선생님이 온전히 독박육아를 감당해야 할 판입니다. 첫째를 키울 때도 이렇게 고생했던 송아름 선생님은 눈앞이 캄캄해집니다.

사실 거기까지는 괜찮았습니다. 가장 큰 문제는 역시 '돈'이었습니다. 송아름 선생님은 3년간 육아휴직을 하면서 펑크 날 생활비 걱정에 밤잠을 이루지 못하는 중입니다. 물론 대구에서 홀로 자취하는 김민수 씨가 월급을 아껴 가며 송아름 선생님에게 생활비를 월 150만 원 정도 보내주고 있기는 합니다. 그러나 3년 전쯤 도안신도시에 내 집을 마련하려고 34평 아파트를 5억 원에 자신의 명의로 매수하면서 2억 5,000만 원의 주택담보대출을 받은 송아름 선생님은 자신의 월급으로 한 달에 103만 원의 원리금을 상환하고 있었고(다행히 김민수 씨와 반반씩 분담해서 송아름 선생님의 실제 부담분은 50만 원), 첫째 아들과 둘이 살아가는 데 드는 생활비 역시 아무리 아껴도 한 달에 250만 원은 듭니다. 결국, 송아름 선생님이 한 달에 지출하는 액수는 한 달에 300만 원 정도인 셈입니다. 23호봉 담임교사로서 한 달에 세후 330만 원 정도의 월급을 받는 송아름 선생님의 수입과 남편이 보내주는 생활비로 지금까지는 그럭저럭 살아갈 수 있었습니다. 하지만 앞으로 휴직하면 생활비가 얼마나 펑크가 날지 생각만 해도 끔찍했습니다.

다행히 생활력이 강하고 알뜰했던 송아름 선생님은 그동안 가정경제를 운영하면서 한 번도 적자를 내지 않았고, 한 달에 남는 여윳돈을 어느 정도 저축해두고 있었습니다. 통장을 열어보니 여윳돈이 약 2,000만 원 정도 남아 있었습니다. 이것을 육아휴직 기간에 활용하면 그나마 가정경제에 숨통이 트일 것 같습니다. 과연 송아름 선생님은 돈 걱정을 덜 하면서 육아휴직 기간을 성공적으로 보낼 수 있을까요?

주변의 친한 언니와 지역 맘카페 같은 곳에서 알아본 내용을 나름대로 종합해 예상 지출 규모를 계산해본 결과, 송아름 선생님은 둘째가 태어나면서 한 달 지출이 기존 300만 원에서 450만 원까지는 늘어날 것으로 예측했습니다. 그것도 허리를 바짝 졸라매서 그 정도이지, 종일제 베이비시터라도 고용했다가는 500만 원을 훌쩍 넘어설 수도 있었습니다. 일단은 베이비시터 고용을 포기하고 450만 원에서 타협을 보기로 합니다.

그렇다면 휴직 기간 송아름 선생님의 수입과 지출 규모는 어느 정도일까요? 일단 유급수당이 나오는 첫 1년부터 계산해봅시다. 육아휴직 후 첫 3개월은 한 달에 150민 원의 육아휴직수당을 받지만, 복직 6개월 후 일괄 지급하는 수당의 15%인 22만 5,000원과 각종 보험료 만 원 남짓을 공제하면 실제로는 약 126만 원을 받게 됩니다. 공무원연금 기여금 월 41만 원가량은 1년 후 복직 시까지 납부를 유예하기로 합니다. 하지만 3개월 후부터 마지막 달까지는 육아휴직수당이 120만 원으로 줄어듭니다. 육아휴직수당의 15%인 18만 원과 각종 보험료 만 원 남짓을 공제하면 한 달에 101만 원 정도가 나오는 것을 알 수 있습니다.

남편 김민수 씨도 더욱 허리를 졸라매서 선생님께 보내주는 생활비의 규모를 월 150만 원에서 200만 원까지 늘려보기로 합니다. 그러면 송아름 선생님은 첫 석 달간은 326만 원의 생활비가 생기고, 나머지 9개월간은 301만 원의 생활비가 생깁니다. 적자의 규모는 월 124~199만 원 정도입니다.

그러면 1년간 펑크 나는 생활비의 규모를 생각해보니 2,163만 원이 나옵니다. 1년간 납입을 유예한 공무원연금 기여금까지 더하니 2,659만 원이 나옵니다. 다행히 첫 1년까지는 송아름 선생님이 알뜰하게 저축해둔 돈 2,000만 원으로 그럭저럭 대신할 수 있었습니다. 모자란 돈 500만 원 남짓은 복직한 후 갚으면 되니까요.

그러나 완전 무급인 나머지 2년간은 어떻게 될까요? 매달 450만 원의 생활비는 계속해서 들어가는데, 수입은 남편이 보내주는 200만 원이 전부입니다. 매달 250만 원씩의 적자가 2년간 발생합니다. 여기에 2년간 납입을 유예한 공무원연금 기여액 992만 원이 더해집니다. 그렇게 계산하니 무급휴직 2년간 적자의 규모는 6,992만 원에 달할 것으로 전망됩니다. 이렇게 계산해보니 송아름 선생님께서 3년간 펑크 나는 생활비의 규모는 9,155만 원 정도이고, 이 중 2,000만 원은 그동안 모아둔 것으로 대신한다고 치면 순적자액의 규모는 7,155만 원에 달합니다. 계산하기 쉽게 7,200만 원 적자라고 칩시다.

그러면 송아름 선생님이 원리금 상환 부담을 줄이면서 적자 금액 7,200만 원을 메우는 방법에는 무엇이 있을까요? 한번 고민해보도록 합시다.

　　일단 매달 생활비와 주택담보대출 원리금을 대기에도 빠듯한데, 원리금을 균등상환하는 상품은 제외해야 할 것 같습니다. 대출 원리금을 만기에 일시상환하거나, 거치 기간을 길게 잡아주는 상품 위주로 알아봐야 할 것 같습니다.

| 금융기관 | 대출명 | 대출금 (만 원) | 금리 | 만기 | 상환방식 | 한 달 원리금 상환 부담(만 원) |
|---|---|---|---|---|---|---|
| 1금융권 | 주택담보대출 | 25,000 | 3.2% | 30년 | 원리금균등상환 | 103 (50) |
| | 마이너스통장 | 5,000 | 3.2% | 7년 | 만기일시상환 (1년 단위 재연장) | 11 |
| 공무원 연금공단 | 일반대출 | 3,500 | 3.46% | 12년 | 원리금균등상환 (2년간 거치) | 10 |
| 총대출금액 | | 33,500 | 한 달 원리금 상환 부담 총액(만 원) | | | 71 |

송아름 선생님 부부가 받는 대출상품 조건(괄호는 송아름 선생님의 실제 부담분)

　　일단 1년간 모자라는 550만 원 정도는 휴직 전 송아름 선생님의 세전 연봉이 6,336만 원 정도인 점을 감안해 5,000만 원 한도의 마이너스통장을 뚫어놓고 필요한 만큼 뽑아 쓰면 됩니다. 3,496만 원의 적자가 추가 발생하는 휴직 2년 차까지는 마이너스통장으로도 그럭저럭 버틸 수 있습니다.

그러나 문제는 휴직 3년 차입니다. 3,500만 원 정도의 남은 적자액을 메워야 하는데 선택은 2가지가 있습니다. 먼저는 김민수 씨 직장의 사내대출을 먼저 알아보고, 그다음에는 공무원연금공단 연금대출과 교직원공제회 일반대여의 순서대로 알아보는 것이 좋을 것 같습니다(마침 문지애 선생님은 아가씨 시절에 교직원공제회 최초대여 상품을 이용해본 적이 있습니다). 김민수 씨 직장에서는 마땅한 사내대출을 제공하는 것이 없어서, 공무원연금공단과 교직원공제회 대여상품들을 알아보기로 합니다. 연금대출과 일반대여 둘 다 일단 2년까지 거치가 가능한데(공제회 일반대여는 퇴직 시까지 거치를 계속 연장 가능) 금리는 공무원연금공단이 조금 더 저렴(3.46%)하기 때문입니다. 그렇게 3년 차 적자분 3,500만 원은 공무원연금공단 연금대출로 메우기로 합니다. 이렇게 송아름 선생님의 대출계획이 완성되었습니다.

그러면 송아름 선생님의 대출금 7,200만 원을 어떻게 갚아나가면 좋을까요?

| 우선순위 | 금융기관 | 대출명 | 대출금 (만 원) | 줄어드는 월 원리금 상환 부담 (만 원) | 상환소요시간 (년) |
|---|---|---|---|---|---|
| 송아름 선생님 부부의 연 대출상환여력 (만 원) | | | 1,955 | 124~ (71~) | . |
| 1 | 1금융권 | 마이너스통장 | 4,046 | 11 | 4.0 |
| 2 | 공무원연금공단 | 일반대출 | 3,500 | 10 | 1.8 |
| 3 | 1금융권 | 주택담보대출 | 25,000 | 103 (50) | 30 |

송아름 선생님이 필자와 함께 수립한 대출상환계획

2년 차까지 사용한 마이너스통장은 복직 시까지 놔두면 됩니다. 2년 간 마이너스통장에서 뽑아 쓴 원금 4,046만 원에 대한 이자가 매달 복리로 쌓이지만, 대충 계산해보니 대출 실행 후 6년까지는 한도인 5,000만 원에 도달하지 않을 것으로 보입니다. 휴직 3년간에는 남편 김민수 씨가 직장에서 받는 월급 외의 상여금 연 1,000만 원 정도를 모두 투입해 3년간 갚기로 하고, 남은 1,500만 원 정도는 송아름 선생님이 복직한 해에 받는 각종 보너스 955만 원과 남편의 상여금을 모두 투입합니다. 그러면 복직한 해에 모두 갚을 수 있으니 큰 문제는 아닙니다.

그다음 남은 휴직 3년 차 적자분 3,500만 원도 감당할 만합니다. 1년 간 발생하는 이자 월 10만 원, 연 120만 원 정도는 송아름 선생님이나 남편이 조금 씀씀이를 아껴서 내도 되고, 그럴 형편이 되지 않는다면 일단은 마이너스통장에서 빼서 내도 됩니다. 복직한 첫해에는 이자는 월급으로 내다가 두 사람의 보너스로 원금을 한꺼번에 갚아나가면 2년 안에 충분히 갚을 수 있습니다. 그렇게 총 복직 후 3년 정도만 열심히 노력하면 송아름 선생님의 펑크 난 생활비는 모두 상환할 수 있습니다.

송아름 선생님과 같은 휴직교사의 사례에서 시사하는 점은 무엇일까요?

첫 번째는 가정경제 상황을 면밀히 분석해야 합니다. 휴직 기간 들어오는 돈과 나갈 돈을 최대한 정확하게 파악해서 휴직 기간 가정경제에 구멍이 최대한 뚫리지 않도록 노력해야 합니다. 송아름 선생님의 사례처럼 평소에 모아둔 돈이 있다면 휴직 시기에 바로 사용합니다. 평소에 가계부를 쓰지 않던 사람이라고 하더라도, 적어도 휴직을 전후해서는 가계부를 쓰면서 가정의 수입과 지출을 철저하게 관리해야 합니다.

두 번째는 휴직 기간에 적자가 나는 생활비는 차주 단위 DSR 규제를 피하고, 원리금 상환 부담을 최대한 줄일 수 있도록, 교사 본인과 배우자의 사내대출을 가장 먼저 활용하는 것이 좋습니다. 또 원리금을 만기에 일시 상환하거나 이자 거치 기간을 길게 잡아주는 대출상품에 가입하는 것이 유리합니다.

세 번째는 복직 후 정말 최선을 다해서 최대한 이른 시일 내에 대출을 갚으려고 노력해야 한다는 점입니다. 특히 마이너스통장과 같은 만기일시상환 상품은 원리금을 갚는 시일이 늦어질수록 이자가 복리로 쌓이기 때문에 갈수록 대출금을 갚기 힘들어진다는 치명적 단점이 있습니다. 복직 후 매달 월급에서 남는 여윳돈과 보너스와 같은 큰 목돈이 생길 때마다 만기일시상환방식으로 받은 대출금부터 가장 먼저 상환하고, 그다음에는 공무원연금공단의 연금대출처럼 원리금의 규모가 확정된 상품을 갚아나가는 것이 좋습니다.

# 입주 전 6개월 남짓 필요한 급전을
# 효과적으로 마련했다가 상환하는 방법
### – 드디어 내 집 마련에 성공한 40대 직장인 곽수환 씨

충청남도 아산시에 거주하는 40대 직장인 곽수환 씨는 얼마 전 결혼한 지 12년 만에 큰 기쁨을 맛보게 됩니다. 결혼하고 이런저런 전세와 월셋집을 전전하다가 마침내 내 집 마련에 성공한 것입니다.

내 집 마련을 위한 자금조달계획에는 큰 문제가 없었습니다. 곽수환 씨는 매매가 5억 1,500만 원에 아파트를 매수했습니다. 본인이 가진 현금 5,000만 원은 이미 계약금으로 지급한 상태였습니다. 여기에 3억 1,000만 원은 주택금융공사의 보금자리론에서, 1억 5,500만 원은 현재 거주하고 있는 집의 전세금(대출 제외)으로 조달하면 무리 없이 입주할 수 있었습니다.

그런데 문제는 따로 있었습니다. 곽수환 씨가 현재 전세로 살고 있는 집의 임대차 만기는 잔금을 치르고 6개월 후에나 찾아옵니다. 그런데 집주인이 만기 이전까지는 전세보증금을 돌려주지 못하겠다는 뜻을 전해온 것입니다. 곽수환 씨로서는 무척이나 난감했습니다. '무슨 수로 1억 5,500만 원이나 되는 돈을 쉽게 구할 수 있단 말인가…' 곽수환 씨는 어렵게 마련한 내 집이 날아갈까 봐 며칠을 뜬눈으로 밤을 지새우기 일쑤였습니다.

필자는 곽수환 씨의 사정을 듣고 이런 이야기를 했습니다. 곽수환 씨에게 필요한 1억 5,500만 원은 단기간(6개월)만 필요한 급전입니다. 앞으로 6개월만 지나 전세 만기가 되면 약속대로 집주인에게 전세보증금을 돌려받으면 메워지는 '원래 곽수환 씨의 돈'입니다. 따라서 곽수환 씨는 6개월간 임시로 쓸 돈의 '사용료'만 내고 돈을 빌려 쓰면 그만이라고 설명했습니다. 필자는 앞서 '돈의 사용료=이자'라고 설명했습니다. 즉, 곽수환 씨는 이자만 내고 1억 5,500만 원을 잠깐 빌렸다가 돌려줄 방법을 찾으면 됩니다. 원금과 이자를 동시에 상환하는 대출은 가능하면 피하는 것이 좋습니다.

그러면 곽수환 씨는 어떻게 1억 5,500만 원이나 되는 돈을 조달하면 좋을까요?

다른 직종에 사내대출 혜택이 좋은 편인 교사라면, 교직원공제회 일반대여(1억 원)와 1금융권의 마이너스통장(5,500만 원)으로 마련하면 그만이었습니다. 그러나 곽수환 씨는 사기업에 다니는 일반적인 직장인이므로, 다른 방법을 찾아봐야겠다는 판단이 들었습니다. 이때 주목한 것은 1금융권인 NH농협은행의 'NH주택담보대출'과 2금융권인 보험사의 주택담보대출이었습니다. 필자가 이 상품에 주목한 이유는 차주의 필요에 따라 상환방식을 다양하게 가져갈 수 있다는 장점이 있었기 때문입니다. 특히 두 상품 모두 곽수환 씨가 필요한 6개월간에는 이자만 낼 수 있는 '거치' 옵션, 또는 만기일시상환이나 마이너스통장 방식까지 있는 것에 주목했습니다.

주택담보대출이라고 하면 보통 집을 새로 살 때 모자라는 자금을 대출받기 위해 활용하는 상품으로 많이들 알고 계실 것입니다. 보통 30~40년의 장기간에 걸쳐 원금 또는 원리금을 균등상환하는 방식으로 많이들 이용하십니다. 그러나 1금융권과 2금융권에서는 곽수환 씨처럼 급전(생활안정자금)이 필요한 분들을 위해 다른 목적의 주택담보대출을 따로 취급하고 있습니다.

급전이 필요할 때는 이런 생활안정자금 목적 주택담보대출을 이용해도 되고(단, 소유권등기가 이미 되어 있을 때만), 필자가 말하는 NH농협은행과 보험사의 대출을 이용해도 됩니다.

곽수환 씨는 잔금 및 소유권이전등기일 기준으로 비규제지역인 충청남도 아산시에서 막 1주택자가 되려던 참이므로 LTV도 70%로 상대적으로 넉넉하게, DSR 기준도 40%까지 잡아줍니다. 따라서 원리대로라면 곽수환 씨는 이사할 집을 담보로 3억 3,000만 원 정도까지는 대출을 받을 수 있습니다. 다만 금융당국에서 실시하는 대출 총량규제의 영향으로 NH농협은행에서 1억 원 이상의 대출이 나오지 않으면 모자란 돈은 보험사의 주택담보대출에서 해결하기로 합니다.

그래서 필자가 곽수환 씨와 함께 세운 대출계획은 다음과 같습니다.

| 금융기관 | 대출명 | 대출금액<br>(만 원) | 금리 | 상환방식 | 한 달 원리금<br>상환 부담(만 원) |
|---|---|---|---|---|---|
| 1금융권<br>(NH농협은행) | NH주택담보대출 | 1억 원 | 3.7% | 마이너스통장 | 31 |
| 2금융권<br>(보험사) | 주택담보대출 | 5,500만 원 | 4.5% | 5년 거치 후 원리금<br>균등상환 | 21 |
| **곽수환 씨의 한 달 원리금 상환 부담 총액**(만 원) | | | | | **52** |
| **같은 대출금액을 다른 1금융권 주택담보대출**(금리 3.2%에 30년 만기 원리금균등상환방식)<br>**로 받을 때 한 달 원리금 상환 부담 총액**(만 원) | | | | | **67** |

필자가 곽수환 씨와 함께 수립한 대출계획

일단 1금융권인 NH농협은행에서 주택담보대출을 먼저 실행합니다. NH농협은행 상담 결과 최대한도인 1억 원을 모두 받고, 나머지 5,500만 원은 보험사의 주택담보대출로 해결하기로 합니다. 이렇게 하면 한 달에 내는 이자가 52만 원 정도로, 같은 대출금액(1억 5,500만 원)을 1금융권의 다른 주택담보대출(30년간 금리 3.2% 원리금균등상환방식)로 받을 때 비하면 한 달 이자비용이 15만 원이나 절약됩니다. 2금융권 대출을 끼기 때문에 단기간에는 곽수환 씨 신용점수의 하락이 불가피합니다. 하지만 어차피 6개월 후 전세 만기가 도래해서 보증금을 돌려받고 대출금을 갚으면 머지않아 복구될 수 있는 수준입니다.

대출상환계획은 별것 없습니다. 곽수환 씨가 전세 만기일에 집주인에게 전세보증금을 돌려받으면 전세자금대출을 갚고 남는 돈이 1억 5,500만 원이므로 그대로 주택담보대출 2곳을 상환하는 데 사용하면 끝입니다. 정말 간단하지요?

그러면 우리가 곽수환 씨의 사례에서 배울 수 있는 점은 무엇일까요?

첫째는 자금계획을 철저하게 세우자는 것입니다. 그런 점에서 곽수환 씨는 이사할 지역의 대출 규제를 잘 이해하고, 이에 맞는 대출계획을 세웠습니다. 주택금융공사에서 취급하는 보금자리론을 최대한 받은 것이 그 예라고 할 수 있습니다.

둘째는 대출을 알아보는 시야를 조금이라도 넓히는 것입니다. 사실 평범한 사람이 다양한 종류의 주택담보대출이 존재한다는 사실을 알기는 쉽지 않을 것입니다. 그러나 조금만 손품과 발품을 팔면 NH농협은행과 보험사의 주택담보대출 같은 특이한(?) 상품도 찾아 활용할 수 있습니다. 그 결과 곽수환 씨는 6개월간 이자 부담을 최소화하면서 효과적으로 급전을 마련할 수 있게 되었습니다.

# 가장 효과적인 생활자금 마련 방법과 빠른 상환 방법

## – 서러운 경단녀, 40대 전업주부 유승희 씨

필자와 같은 교회에 다니는 유승희 씨는 한 아이를 키우는 40대 전업
주부입니다. 학창시절에는 공부도 제법 잘해서, 서울시에 있는 한 명문
공과대학을 졸업하고, 유망한 IT기업에 입사해서 개발자의 길을 걷기도
했습니다. 그녀의 이름으로 개발에 참여한 게임이 꽤 인기를 얻기도 했
습니다. 그렇게 개발자로서 창창한 미래가 열려 있었던 유승희 씨의 삶
이 꼬이기 시작한 것은 그렇게 오래되지 않았습니다.

바로 자녀가 생기면서부터였습니다. 결혼 후 제법 오랫동안 난임에
시달리다가 30대 후반의 나이에 지금의 딸을 낳게 된 유승희 씨는 IT
개발자로서 자신의 커리어를 발전시키겠다는 욕심 못지않게, 자녀를
훌륭하게 키워보고 싶은 마음도 컸습니다. 더군다나 유승희 씨는 친정
과 시댁에서 육아를 도움받기 어려웠기 때문에, 육아휴직을 내고 최소

한 딸이 서너 살이 될 때까지는 육아에 전념하고자 했습니다.

그런데 이게 웬일일까요? 유승희 씨가 다니는 회사에서 육아휴직에 반대하고 나선 것입니다. 그녀를 대체할 수 있는 개발자를 계약직으로 채용하기 힘들다는 것이 문제였습니다. 그녀는 회사도 설득해보고, 양가 부모님의 도움도 구해보는 등 백방으로 노력을 해봤습니다. 하지만 결과는 실패였습니다. 결국, 유승희 씨는 눈물을 머금고 정든 회사에서 퇴사하기로 결심합니다. IT 개발자로서의 커리어와 꿈도 다 날아가고, '경단녀'가 되어버린 것입니다.

경단녀가 된 유승희 씨를 괴롭히는 것은 단순히 직장이 날아가고 짭짤한 수입이 끊기는 데서 그치지 않았습니다. 그녀가 필자를 찾아온 것은 큰 목돈이 필요할 때 이를 조달할 방법이 마땅치 않다는 것입니다. 평범한 중소기업에 다니는 남편 오진우 씨의 도움을 받아볼까 했지만, 당시 남편의 직장에는 사내대출을 받을 방법이 없었습니다. 게다가 1금융권에는 오진우 씨의 명의로 최대한도까지 받아놓은 마이너스통장도 있어서 남편의 도움을 받을 수도 없었습니다. 그렇다고 직장이 없는 유승희 씨를 믿고 신용대출을 해주는 1금융권의 은행은 단 한 곳도 없어서, 어떻게 목돈을 마련해야 할지 눈앞이 캄캄했습니다. 당시 그녀에게 필요한 목돈은 4,000만 원 정도였는데, 이 돈을 어떻게 조달해야 할지 방법이 없어서 필자를 찾아온 것이었습니다.

필자도 고민에 빠졌습니다. 필자는 보통 직장인분들을 기준으로 그분들이 이용할 수 있는 시중은행의 신용대출이나 사내대출을 십분 활용해서 급한 목돈을 조달할 것을 권해드릴 때가 많았습니다. 그런데 유승희 씨의 경우에는 경제활동을 일절 하지 못하는 상황이므로 이런 방법들을 전혀 사용할 수가 없었습니다.

필자는 유승희 씨의 경제적 상황 전반을 살폈습니다. 그녀 가정의 연소득 수준과 자산, 대출상환여력 등 모든 여건을 살피며 좋은 대출을 찾기 위해 동분서주했습니다. 정말 어려운 상담이었습니다. 하루빨리 좋은 대출을 찾아서 유승희 씨를 힘껏 돕고 싶었는데 그러지 못해 밤잠을 이루지 못할 때도 있었습니다.

그렇게 대출을 찾아다니며 며칠이 지났습니다. 아무리 생각해도 좋은 생각이 떠오르지 않던 중에, 문득 필자의 머릿속에서는 가장 기본으로 돌아가서 따져보자는 아이디어가 나왔습니다. 특히 유승희 씨가 담보로 받을 수 있는 것이 무엇인지부터 하나씩 따져보면 답이 나오지 않을까 생각했습니다. 필자도 앞서 대출 전쟁에서 내가 가진 무기가 무엇인지 먼저 살피자는 이야기를 했지요.

그렇게 유승희 씨의 담보를 하나하나 물색하던 중, 마침 하나 잡히는 것이 있었습니다. 유승희 씨가 결혼할 무렵 오진우 씨와 함께 마련한 경기도 고양시 일산신도시의 한 아파트였습니다. 매매가(KB시세) 기준 7억 원 정도의 아파트였는데, 오진우 씨와 그녀의 공동명의로 설정된 것을 발견했습니다. 이것을 한번 활용해보자는 아이디어가 떠올랐습니다.

앞의 곽수환 씨 사례에서도 한번 다루었지만, 주택담보대출은 단순히 집을 살 때만 쓰이지 않습니다. 급전이 필요할 때에도 집을 담보로 필요한 자금을 빌릴 수 있습니다. 바로 생활안정자금 주택담보대출입니다. 그중에서도 곽수환 씨가 활용했던 NH농협은행의 주택담보대출을 활용해보기로 합니다. 1금융권 주택담보대출 상품 중 고정금리와 변동금리를 모두 선택할 수 있고 만기와 상환 방법을 가장 다양하게 지원하고 있기 때문에, 유승희 씨의 재정 상황에 가장 알맞은 방법을 선택하기 안성맞춤이었던 것입니다.

생활안정자금 주택담보대출은 주택구입 목적 주택담보대출과 마찬가지로 지역별 LTV에 맞게 대출이 나오는 상품이었습니다. 이미 주택을 구입할 때 대출을 받았다면 그만큼을 제하고 나머지를 받을 수 있었습니다. 그러나 최근 들어 부동산과 대출 규제가 강화되면서, 생활안정자금 주택담보대출의 최대한도가 수도권 기준 사실상 1억 원으로 고정되었습니다(2022년 8월 1일, 2억 원으로 확대). 경기도 일산신도시에 사는 유승희 씨가 바로 여기에 해당하는 것입니다.

다행히 유승희 씨가 필요한 목돈은 1억 원 이내에 해당하므로 무난하게 한도 내에는 들어옵니다. 이제는 유승희 씨의 재정 상황에 맞춰 알맞은 상환방식을 찾아내는 일만 남았습니다. 그러면 NH농협은행에서 제공하는 주택담보대출의 만기와 상환 방법을 알아보도록 합시다.

| | | | |
|---|---|---|---|
| **만기** | 만기일시상환 | 3년 이내(가계자금) | |
| | 원(리)금<br>균등상환 | 33년 이내(최대 10년 거치 가능) | |
| | 혼합상환 | 33년 이내(최대 10년 거치 가능) | |
| | 마이너스통장 | 2년 이내 | |
| **상환 방법** | 만기일시상환 | 대출 기간 동안 이자만 매월 납부하고 만기에 대출금을 모두 상환 | |
| | 원(리)금<br>균등상환 | 원리금균등상환 | 대출원금을 대출 개월만큼 균등하게 분할하고,<br>이자를 더해 매월 상환 |
| | | 원리금균등상환 | 대출원금과 이자의 합계금액을 대출 기간 동안<br>균등하게 분할해서 매월 상환 |
| | 혼합상환 | 만기일시상환 및 원(리)금균등상환의 비율을 50:50으로 혼합 | |
| | 마이너스통장 | 입출금 통장에 대출 한도를 부여해서 한도 내에서 자유롭게<br>대출과 상환 가능 | |

NH농협은행 인터넷뱅킹 홈페이지의 주택담보대출 설명

　유승희 씨의 상황을 살피면 목돈이 필요한 올해에는 대출받은 자금을 갚을 여력이 없는 상황입니다. 그러나 이듬해부터는 가계소득으로 충분히 갚아나갈 수 있다고 합니다. 그러면 올해 1년은 일단 거치 옵션을 걸었다가, 내년부터 대출 원리금을 모두 갚아나가는 방법을 알아봐야겠습니다. 기준금리가 차츰 인상되는 시기임을 감안해 금리는 고정금리 방식을 택하기로 하고, 은행에서는 4% 금리가 가능하다는 상담 결과를 받게 됩니다.

　그런데 여기서 하나 짚고 넘어가야 할 것이 있습니다. 한도 내에서 자유롭게 대출과 상환을 할 수 있는 마이너스통장 방식을 제외하고는 대출실행 후 3년까지 중도상환수수료가 부과됩니다. 유승희 씨는 고정금리 방식으로 대출이자를 낼 것이기 때문에 1.4%의 중도상환수수료가 부과됩니다. 만약에 유승희 씨에게 큰 목돈이 생겨 4,000만 원의 대출금을 한꺼번에 갚는다면 중도상환수수료로 56만 원이 나오는 셈입니다. 그렇다고 중도상환수수료를 피하기 위해 바로 이듬해부터 원리금 상환이 가능한데 3년까지 대출금 갚기를 미룰 이유도 없습니다.

한편 남편 오진우 씨의 직장에서 나오는 상여금 연 1,500만 원 정도는 남편의 마이너스통장을 갚는 데 투입되기 때문에, 목돈이 생길 때마다 한꺼번에 갚아나가는 만기일시상환보다는 평소 나오는 오진우 씨의 월급으로 매달 원리금을 갚아나가는 방식을 선택해야 할 것 같습니다. 그중 대출 원리금 상환 부담이 매달 같은 원리금균등상환방식이 유승희 씨의 상황에 더욱 적합할 것 같습니다. 원금상환방식은 원리금균등상환과 비교해 초기 상환 부담이 크기 때문입니다.

| 대출만기 | 금리 | 상환방식 | 한 달 대출 원리금 상환 부담(만 원) |
|---|---|---|---|
| 10년 | | | 40 |
| 12년 | | | 35 |
| 15년 | | | 30 |
| 18년 | 4% | 원리금균등상환방식 | 26 |
| 20년 | | | 24 |
| 25년 | | | 21 |
| 30년 | | | 19 |
| 32년 | | | 18 |

대출만기의 길이에 따른 한 달 대출 원리금 상환 부담 비교

이제 유승희 씨가 할 일은 가계경제에 부담이 되지 않는 선에서 원리금 상환 부담을 정해야 합니다. 금리와 상환방식이 결정된 상황에서 원리금 상환 부담의 크기를 정하려면 대출만기를 조절하면 됩니다. 유승희 씨는 남편의 예상 퇴직 시기와 원리금 상환 부담 크기를 고려해 거치 1년, 만기를 20년으로 설정하기로 합니다.

| 연차 | 매달 월급으로 상환하는 원금(만 원) | 남편의 상여금으로 상환하는 원금(만 원) |
|---|---|---|
| 1년 차 | 63 | 0 |
| 2년 차 | 66 | 0 |
| 3년 차 | 68 | 0 |
| 4년 차 | 69 | 1,500 |
| 5년 차 | 74 | 1,500 |
| 6년 차 | 77 | 1,500 |
| 상환금액(만 원) | 4,000 | |

유승희 씨가 필자와 함께 수립한 대출상환계획

그렇다면 유승희 씨는 이 대출금을 어떻게 상환하면 가장 효과적일까요? 일단 앞으로 3년간은 매달 남편 오진우 씨의 월급에서 원리금을 꼬박꼬박 갚아나가도록 합시다. 대출 3년 이내에는 중도상환수수료가 부과되므로 굳이 아까운 수수료를 내가면서 목돈을 대출금 갚는 데 투입할 필요가 없습니다. 오진우 씨가 매년 받는 상여금으로 마이너스통장을 다 갚으려면 앞으로 3년 정도가 더 필요하기도 합니다. 따라서 3년이 지난 다음부터는 남편이 상여금을 받을 때마다 한꺼번에 갚아나가도록 합시다. 그렇게 되면 대출을 받은 지 6년 정도면 유승희 씨에게 필요한 목돈 4,000만 원을 모두 상환할 수 있을 것으로 보입니다. 대출 당시 설정한 만기 20년보다 훨씬 빨리 갚을 수 있는 것입니다. 이렇게 해서 유승희 씨의 생활자금 상환계획이 완성되었습니다.

유승희 씨의 사례에서 배울 수 있는 것은 무엇일까요? 가장 중요한 것은 시야를 넓히는 것입니다. 유승희 씨 같은 전업주부가 직장인이나 자영업자에 비해 대출을 받기 불리한 것은 사실이지만, 아예 길이 없는 것은 아닙니다. 내가 은행에 제공할 수 있는 담보를 두루 살피고 가장 적합한 것을 찾아낸다면 효과적인 대출계획을 세울 수 있을 것입니다.

# 부족한 사업자금을
# 효과적으로 마련하는 방법

- 미용실을 운영하다 코로나19로 타격을 입은 40대 서은정 사장님

필자가 지금 거주하는 곳으로 이사 온 후 단골로 찾아가는 미용실이 있습니다. 머리를 다듬는 실력도 좋으시고 무엇보다 무척 따뜻한 미소와 마음씨를 가진 사장님이 계셔서입니다. 필자가 조금 까다로운 조건을 요청해도 필자가 기대했던 것 이상의 작품을 내놓으시는 분입니다. 이번 편에 소개할 서은정 사장님입니다.

오늘도 사장님의 작품을 기대하면서 가게에 찾아갔습니다. 오늘도 반갑게 맞아주시는데, 사장님의 표정이 조금 좋지 않습니다. 저도 덩달아 마음이 좋지 않아서 무슨 일인지 여쭈어보았지만, 처음엔 쉽게 대답을 하지 않습니다. 어리둥절했지만 어쩔 수 없으니 그냥 조심스럽게 머리나 깎기로 합니다. 커트를 시작하고 얼마 지나지 않아 사장님이 먼저 어렵게 말을 꺼냅니다.

"선생님, 요즘 고민이 있는데 들어줄 수 있어요?"

"네, 사장님? 갑자기 무슨 일 있으세요?"

"아니, 갑작스러운 일은 아니고. 요즘 많이 힘드네."

"요즘 장사가 생각보다 잘 안 되시나요?"

"그렇지. 코로나가 시작되고 나서 손님이 꽤 줄었어요. 근데 뭐 나만 그런 건 아니니까. 그러려니 하는데 자꾸 돈이 펑크가 나서 말이야."

"아이코, 그래서요?"

서은정 사장님의 사연은 이랬습니다. 최근 들어 사장님께 급전이 필요해져서 대출을 알아봤답니다. 코로나19 시국을 통틀어 기록한 손실액과 사장님께 필요한 자금을 더해보니 2,000만 원 정도 되는데, 이 큰돈을 어디서 빌려야 할지 몰라서 무작정 신용카드사의 현금서비스(카드론)를 신청하셨다는 것입니다.

"아니, 사장님. 아무리 급하셔도 카드론은 피하지 그러셨어요. 저랑 경제, 돈 뭐 이런 이야기 많이 나눴으면서. 이런 문제는 저한테 상의 한마디만 먼저 해주셨어도 제가 얼마든지 도와드렸을 텐데…."

"왜? 카드론이 안 좋은 거예요?"

"그럼요. 신용카드사는 기본적으로 2금융권이에요. 2금융권에서 제공하는 대출상품을 이용하면 아무래도 1금융권에서 대출을 받을 때보다 신용점수에 타격이 갈 수밖에 없어요. 그중에서도 카드론은 정말 신용점수에 쥐약이에요. 이자도 많이 비싸고…."

"아이고, 난 정말 몰랐지. 요새 하도 돈이 급하니까 뵈는 게 없기도 하고, 그거 알아요? 나 은행 공인인증서도 없는 사람이야. 이런 내가 뭐가 좋은 대출인지 알아야 말이죠."

"휴, 사장님. 파마까지 다 끝나면 저랑 잠시 의논 좀 하시죠. 카드론은 정말 아닌 것 같아요."

"그러자고요."

머리 손질을 마치고 서은정 사장님과 함께 대책을 의논했습니다. 확인해보니 정말 난감했습니다. 사장님께서는 연 18%의 현금서비스를 2,000만 원 신청해둔 상태였습니다. 사장님 본인의 개인 신용점수를 확인해보니 850점대로 상당히 우수한 편인데, 현금서비스를 이용한 것만으로 신용점수에 큰 타격이 가게 생겼습니다.

사장님이 무척이나 안타까웠던 필자는 대책을 마련하기 위해 마침 가져간 노트북을 켜고 이런저런 자료를 뒤적였습니다. 그리고 서은정 사장님께 적합한 대출을 찾아가기 시작했습니다. 그 결과 서은정 사장님께는 소상공인에게 지원되는 정책자금대출과 민간대출을 적당히 조합해서 가장 좋은 조건으로 대출을 이끌어내는 것이 가장 좋겠다는 생각이 들었습니다. 이 대출을 가지고 기존의 카드론을 하루빨리 대환하는 것이 무엇보다 시급하다고 판단했습니다.

필자가 가장 먼저 찾아낸 것은 정책대출이었습니다. 사장님과 같은 소상공인의 필요를 누구보다 잘 파악해, 저금리와 유리한 대출조건에 이용할 수 있는 상품을 취급하는 곳은 아무래도 정책대출이기 때문입니다. 2금융권인 카드사 대출을 이용한 사장님을 1금융권에서 선뜻 받아줄 것 같지도 않았습니다.

필자는 그중에서 소상공인시장진흥공단에서 취급하는 희망대출에 도전해보자고 사장님께 말씀드렸습니다. 희망대출은 금리가 연 1%로 시중은행에서 찾아보려야 찾을 수 없을 만큼 저금리이고, 2년 거치할 수 있기 때문에 코로나19가 종식된 후 사장님의 사업이 조금이나마 풀리면 그때 차근차근 원리금을 상환해 나갈 수 있습니다.

2년 후 원리금을 함께 상환해도 금리가 워낙 낮기 때문에 원리금 상환 부담이 사장님의 매출과 영업이익 규모에 비해 크게 부담되지 않는다는 점도 좋았습니다. 다만, 아쉬운 것은 최대한도가 1,000만 원으로 제한되어 있어 서은정 사장님의 필요를 모두 채워주지는 못한다는 점이었습니다.

필자가 그다음 찾아낸 것은 시중은행에서 제공하는 민간대출, 그중에서도 IBK기업은행의 사업자 대출이었습니다. IBK기업은행은 '중소기업은행'이라는 예전의 이름에서도 알 수 있듯 중소기업과 소상공인을 대상으로 한 금융서비스 취급을 목적으로 설립된 특수국책은행입니다. 물론 열심히 손품을 팔면서 1금융권의 다른 시중은행과 조건을 비교해보는 작업을 거쳐야겠지만, 서은정 사장님의 사정에 가장 적합한 대출을 제공할 은행이라고 판단했습니다. 마침 1금융권의 모든 은행,

특히 카카오뱅크, 케이뱅크 등 다른 은행들의 사업자 대출과 비교해보니 아니나 다를까 IBK기업은행이 제공하는 사업자 대출의 조건이 가장 좋았습니다.

필자가 IBK기업은행의 사업자 대출에서 좋게 본 것은 금리와 상환방법이었습니다. 다른 은행과 달리 IBK기업은행의 사업자 대출은 만기 일시상환방식을 지원합니다. 당장은 돈 한 푼이 아쉬워 원금을 상환할 엄두가 나지 않는 서은정 사장님 입장에서, 일단은 이자만 내다가 코로나19 시국이 종식되고 사업이 풀릴 때 본격적으로 원금상환을 시작할 수 있는 만기일시상환방식이 상당히 괜찮다고 판단되었습니다. 금리 역시 요즘 같은 금리 인상기에 상당히 합리적인 수준으로 대출을 내놓고 있었습니다. 최대한도도 5,000만 원까지로 비교적 넓게 잡아주었습니다. 서은정 사장님의 상황에서 이 대출을 마다할 이유가 없었습니다.

| 금융기관 | 대출명과 대출금액 | 금리 (%) | 만기 | 상환 방법 | 비고 |
|---|---|---|---|---|---|
| 정책대출 (소상공인시장진흥공단) | 희망대출 (1,000만 원) | 1.0(고정) | 5년 | 2년 거치, 3년 원금균등상환 | • 우대금리 없음<br>• 중도상환수수료 없음<br>• 비대면 신청 |
| 민간대출 (IBK기업은행) | 사업자 대출 (1,000만 원) | 4.08(변동) | 1년 | 만기일시상환 (1년 단위 연장) | • 우대금리 있음<br>• 중도상환수수료 있음(최대 3년)<br>• 매장 매출의 일부를 원리금 상환에 사용하는 '매일 원금 자동상환' 옵션을 삽입하면 중도상환수수료 없음'<br>• 변동/고정금리 중에 선택 가능<br>• 기준금리도 선택 가능(코리보) |

필자가 서은정 사장님께 제안한 대출 포트폴리오

이에 따라 필자는 이렇게 결론을 내렸습니다. 사장님의 필요자금 2,000만 원 중 정책대출인 희망대출을 최대한도인 1,000만 원까지 받고, 나머지 1,000만 원으로는 IBK기업은행의 사업자 대출로 조달하자고 말씀드렸습니다. 만에 하나 두 곳에서 모두 대출을 거절당하면 지역에 있는 2금융권 상호금융사 사업자 대출을 알아보면 되므로 크게 걱정할 필요는 없습니다.

문제는 서은정 사장님께서 이 대출들을 받기에 필요한 자격요건은 되지만, 서류를 하나도 준비해놓지 못하고 있다는 것이었습니다. 처음에는 말로 설명해드렸지만, 좀처럼 이해를 못 하셔서 결국 필자의 손으로 하나하나 서류를 준비해 나갔습니다. 공인인증서도 처음 만들어드리고, IBK기업은행 계좌도 필자의 노트북을 통해 비대면으로 개설해드렸습니다. 서은정 사장님의 신용점수와 소득수준도 확인하고 대출을 위한 준비절차를 차근차근 밟아나갔습니다. 그렇게 대출을 위한 모든 준비가 끝났습니다. 다행히 계획한 대로 모든 대출이 나올 수 있었습니다. 그 대출금을 가지고 서은정 사장님의 현금서비스 대출액을 모두 상환했습니다.

그렇다면 서은정 사장님께서는 이 대출자금을 어떻게 상환해 나가면 좋을까요?

| 연도 | IBK기업은행 사업자 대출 | 소상공인시장진흥공단 희망대출 | 총 원리금 상환 부담 |
|---|---|---|---|
| 1년 차 | • 이자 월 3만 원만 납부<br>• 원금상환의무 유예 | • 이자 월 1만 원만 납부<br>• 원금상환의무 유예<br>• 매출과 영업이익이 잘 나와 목돈이 생기면 중도상환 | 월 4만 원 |
| 2년 차 | | | |
| 3년 차 | • 원금상환 시작<br>• 한 달에 원금 28만 원, 이자 3만 원씩 상환(연 333만 원 원금상환)<br>• '매일 원금 자동상환' 옵션을 삽입해, 중도상환수수료 없이 자동으로 원금이 상환되도록 설계함 | • 원금상환 시작<br>• 한 달에 원금 28만 원, 이자 1만 원씩 상환(연 333만 원 원금상환) | 월 60만 원 |
| 4년 차 | | | |
| 5년 차 | | | |

필자가 서은정 사장님께 제안한 대출상환계획

필자는 향후 2년 안에 코로나19 시국이 종식될 것으로 예상하고, 그동안은 원금상환을 미루자고 말씀드렸습니다. 그동안에 내는 돈이라고 는 정책대출과 민간대출을 합쳐 이자 월 4만 원이 전부입니다. 그런 방 법이 있느냐며 서은정 사장님께서 무척이나 좋아하셨습니다. 단 이 기 간에도 매출과 영업이익이 잘 나와 여윳돈이 생기면 중도상환수수료가 없는 정책대출부터 먼저 상환하자고 제안했습니다.

대출 3년 후부터는 본격적으로 원금을 상환해야 합니다. 여기서 서은 정 사장님은 자영업자라는 점을 감안해야 합니다. 아무래도 자영업자 이다 보니 교사나 공무원, 직장인처럼 보너스나 수당의 명목으로 큰 규 모의 목돈이 들어올 일이 없습니다. 따라서 사장님의 입장에서 3년 후 부터는 매달 나오는 매출에서 자동으로 원리금을 함께 상환해 나가는 구조를 설계하는 것이 바람직합니다.

IBK기업은행의 사업자 대출은 이렇게 대출 원리금을 상환하면 중도 상환수수료도 면제해주기 때문에, 적극적으로 활용할 필요가 있습니 다. 이렇게 되면 한 달 원리금 상환 부담은 4만 원에서 60만 원으로 대 폭 늘어납니다. 하지만 이것도 잘 생각해보면 서은정 사장님의 미용실 영업일(월평균 24일) 대비 하루에 2만 5,000원 정도에 불과합니다. 서은정 사장님이 매일 커트 손님 2명, 파마 손님 1명 정도만 받아 매출을 내면 되는 정도입니다. 이 정도면 필자가 국세청에서 뽑아본 코로나19 이전 의 예년 미용실 소득수준을 볼 때 큰 부담은 아니라고 판단했습니다. 서 은정 사장님도 필자의 판단에 수긍했습니다. 그렇게 열심히 대출 원리 금을 내다 보면 언제 그랬냐는 듯이 3년 만에 대출을 모두 상환할 수 있습니다. 이렇게 서은정 사장님의 고민이 모두 해결되었습니다.

그렇다면 서은정 사장님의 사례에서 우리가 배울 수 있는 점은 무엇일까요?

첫 번째는 좋은 대출을 알아볼 때는 시야를 조금만 더 넓히자는 것입니다. 서은정 사장님이 처음에 신용카드사의 현금서비스를 먼저 신청했던 것은 무엇보다 접하기가 쉽고 사용하기 편리했기 때문입니다. 그러나 손품과 발품을 팔아서 시야를 넓히면, 서은정 사장님 같은 소상공인분들의 필요에 맞는 대출상품들을 찾아 자금 마련계획을 세울 수 있습니다.

두 번째는 정책대출과 민간대출을 잘 조합해서 가장 효과적인 조건을 만들어내자는 것입니다. 물론 기존에도 소상공인과 자영업자를 대상으로 좋은 조건의 사업자 대출상품은 나와 있었습니다. 하지만 코로나19 시국에 들어가면서 타격을 입은 소상공인·자영업자들을 위한 대출상품의 가짓수가 더 많아졌습니다. 그중에는 저금리에 유리한 상환조건이 돋보이는 정책대출도 있고, 시중은행에서 취급하는 민간대출 상품 중에도 좋은 대출조건의 상품들이 여럿 나와 있습니다. 이런 상품들을 잘 조합한다면 최선의 조건으로 가장 효율적인 대출을 받을 수 있습니다. 정책대출과 민간대출을 가리지 않고 모두 알아봄으로써 자신에게 가장 유리한 대출을 받아내야 하겠습니다.

# 퇴임을 앞두고
# 상급지로 갈아탈 수 있을까?
### – 경기도 부천시 상동지구에 거주하는 32년 차 최향미 선생님

제가 근무하는 학교 옆 반에 친하게 지내는 선생님이 계십니다. 정년퇴임을 몇 년 앞두고 있지 않지만, 여전히 수업과 아이들에 대한 열정은 저를 훨씬 뛰어넘는 최향미 선생님입니다. 저뿐만 아니라 함께 근무하시는 선생님들 사이에서도 존경할 만한 선배로 호평이 자자한 분이십니다.

어느 날 퇴근 시간이 다가올 무렵, 제가 있는 교실 문에서 '똑똑' 하는 소리가 납니다. 딱히 제 교실을 찾을 손님이 없었기에 어리둥절했습니다. 문을 열어보니 옆 반에서 찾아온 최향미 선생님입니다. 굳이 저를 찾으신 이유가 무엇이었을까요?

"선생님, 내가 요새 학교에서 들은 게 있는데….."
"네? 무슨 말씀이시지요?"

"선생님이 집을 좀 볼 줄 안다고 해서. 개인적으로 도움을 부탁할 수 있을까 해서 찾아왔어요. 아이들 수업 준비나 업무에 방해가 안 된다면, 시간 될 때 좀 도와줄 수 있어요?"

평소에 이런 주제로 대화를 나눠본 적이 없는 분이라서 적잖이 당황했습니다. 어디서 그런 말씀을 전해 들으셨는지 난감했지만, 어쩔 수 없이 부탁을 들어드리기로 합니다.

사연을 들어봤습니다. 현재 사시는 경기도 부천시 상동지구에 분양을 받고 입주해서 20년 정도 살아보니, 이사가 가고 싶어졌다는 것입니다. 이왕이면 지금보다 상급지로 가보고 싶은 욕심도 있고, 집안 사정상 시댁이 있는 강원도와 왕래하기 편리한 서울시 동부권이나 근교 지역으로 가고 싶으시다고 하십니다.

사시는 아파트의 호가는 10억 원, 실거래가는 9억 원 정도에 형성되어 있었습니다. 아파트를 제외하고 따로 보유한 금융(현금성)자산 등 다른 자산은 전무한 상태입니다. 대신 아파트에 걸린 대출이 없다고 하시네요. 지금은 40평에 거주하고 계시지만 상급지로 가기 위해 국민 평형인 32평 근방까지는 타협 가능했습니다.

사시는 지역을 살펴보니 서울지하철 7호선 상동역과 가까운 역세권으로 거래도 활발한 곳이었습니다. 20년을 내리 거주하셨기 때문에 지금 매도하더라도 양도소득세가 발생하지 않습니다. 당시 시장 사정상 10억 원에 매도할 가능성이 충분하다고 보고, 10억 원의 실탄으로 매수할 수 있는 32평 아파트 단지를 찾아봐야겠다고 판단했습니다.

| 필요한 자금 | 금액<br>(만 원) | 자금출처 | 조달금액<br>(만 원) | 금리 | 만기 | 상환 방법 |
|---|---|---|---|---|---|---|
| 이사할 집값 | 130,000 | 현재 아파트 매도금 | 100,000 | · | · | · |
| | | 1금융권 주택담보대출 | 3,000 | 3.2% | 30년 | 원금균등상환 |
| | | 공무원연금공단<br>주택담보대출 | 7,000 | 2.83% | 12년 | 원금균등상환 |
| | | 교직원공제회 일반대여 | 20,000 | 3.74% | 10년 | 원리금균등상환 |
| 전셋집 전세보증금 | 60,000 | 이사할 집 전세보증금 | 60,000 | · | · | |
| **총액(만 원)** | **190,000** | **총액(만 원)** | **190,000** | · | | |

필자가 최향미 선생님과 함께 수립한 자금조달계획

최향미 선생님의 사정을 검토하며 지도를 펴고 고심해본 결과, 매매를 도전해볼 만한 지역이 몇 곳 눈에 들어옵니다. 서울양양고속도로 접근이 편리한 서울시 강동구 시내의 일부 구축 단지들과 고덕강일지구, 경기도 하남 미사강변도시, 감일지구, 남양주 다산신도시입니다. 그리고 영동고속도로 접근이 편리한 수원 광교신도시 정도를 고려할 수 있을 것 같았습니다. 상대적으로 준신축 이상의 단지들이 많고, 생활환경도 지금 사시는 곳만큼 우수합니다. 32평형 기준으로 현재 시세는 지역마다 차이는 있지만 대개 10~15억 원 사이에 형성되어 있고, 전세가는 6~8억 원 사이니 갭 투자 방식으로 매수하면 실투자금은 평균적으로 6~7억 원 안팎입니다.

어차피 매수하자마자 지금 바로 이사하기엔 근무지(인천시)에서 출퇴근하기에 너무 머니, 일단은 전세를 내주었다가 6년 후 정년퇴임하실 때 들어가면 괜찮을 것 같습니다. 지금 사시는 아파트는 매도해서 근처 단지에서 퇴임할 때까지 전세로 살면 됩니다.

　현재 사시는 지역의 32평 아파트 전세가 시세는 5억 5,000만 원에서 6억 원 정도입니다. 이사할 집 실투자금에 현재 사시는 곳 전세가를 마련하기까지 2~3억 원의 자금을 더 조달하면 되겠습니다. 넉넉하게 3억 원이라고 합시다.

　문제는 최향미 선생님께서 32년 차의 원로교사다 보니, 다른 연차의 선생님들에 비해 정년이 얼마 남지 않았다는 것입니다. 자칫하면 최향미 선생님 부부에게는 정년퇴임 후 2~3억 원의 대출조차도 빠듯하게 느껴질 수 있다는 것이었습니다. 어떻게 하면 최향미 선생님께서 퇴임 후 원리금 상환 부담을 최소화하며 대출을 받을 수 있을까요?

　최향미 선생님의 대출 플랜을 짜기 위해 제가 가지고 있는 자료로 확인해보니, 당시 근가 1호봉이었던 선생님의 평소 월급은 세후 480만 원 정도입니다. 여기에 정근수당과 명절휴가비, 성과급을 더한 보너스가 연 1,650만 원 정도 나오는 것을 알 수 있었습니다. 마침 남편이신 사부님께서도 같은 연차의 교장이신데, 사부님의 평소 월급은 세후 510만 원 정도에 보너스는 1,900만 원 정도 나오는 것으로 계산됩니다. 17호봉 아기 교사인 제 입장에서는 벌어진 입이 다물어지지 않더군요. 다행히 자제분들께서 일찍이 장성하셔서 교육비 등 큰돈이 들어갈 부담은 거의 없고, 기본적인 생활비만 든다고 합니다. 두 분의 평소 급여를 합쳐 보수적으로 월 300만 원 정도는 원리금 상환에 써도 문제가 없겠다는 판단이 들었습니다.

일단 대출은 무리 없이 나올 것입니다. 이사할 후보 지역이 죄다 투기지역(서울시 강동구) 또는 투기과열지역(경기도 하남시, 남양주시, 수원시)인데, 9억 원 초과 주택에 대해서는 9억 원까지 40%, 9억 원 초과분에 대해 20%의 LTV가 적용됩니다. 매매가 15억 원이 넘는 주택은 아예 대출이 나오지 않습니다. 예를 들어 12억 원짜리 아파트를 매수하는 경우, 4억 2,000만 원(방공제를 제외하면 3억 7,000만~3억 8,600만 원)의 대출을 최대로 받을 수 있습니다. 따라서 15억 원 이내에 매매가 가능한 단지를 집중적으로 공략하기로 합니다. DSR 규제에도 전혀 걸리지 않습니다.

| 금융기관 | 대출명 | 대출금 (만 원) | 만기 | 금리 | 상환방식 | 월 원리금 상환 부담 (만 원) |
|---|---|---|---|---|---|---|
| 1금융권 | 주택담보대출 | 3,000 | 30년 | 3.2% | 원리금균등상환 | 16 |
| 공무원 연금공단 | 주택담보대출 | 7,000 | 12년 | 2.83% | 원리금균등상환 | 57 |
| 교직원공제회 | 일반대여 | 20,000 | 10년 | 3.74% | 원리금균등상환 | 200 |
| 대출금 총액(만 원) | | 30,000 | 한 달 원리금 상환 부담 총액(만 원) | | | 273~ |

최향미 선생님이 받은 대출조건

최향미 선생님께 필요한 3억 원의 대출금을 모두 은행 주택담보대출로만 조달하면 한 달에 135만 원 정도의 원리금 상환 부담이 예상됩니다. 다른 연차의 선생님이라면 이것이 유리할 것입니다. 생활비는 한창 많이 들어갈 때인데, 이럴 때는 만기를 최대한 길게 가져가면서 한 달 원리금 상환 부담이 줄어드는 효과가 있기 때문입니다. 그러나 퇴임이 코앞으로 다가온 최향미 선생님은 이야기가 다릅니다.

저는 차라리 한창 일하실 때 대출을 최대한 갚고, 퇴임한 후의 원리금 상환 부담을 최소화하자고 의견을 드렸습니다. 퇴임 전까지 전세자금대출은 아예 받지 말자고 말씀드렸습니다. 여기에 주택담보대출은 3,000만 원만 받고, 2억 7,000만 원은 사내대출인 공무원연금공단과 교직원공제회에서 조달해 7,000만 원은 공무원연금공단 주택담보대출, 2억 원은 교직원공제회에서 두 분의 명의로 최초+일반대여를 통해 마련할 것을 제안했습니다(마침 교직원공제회 대여를 이용해보신 적이 없다고 하셨습니다). 또 주택담보대출은 원리금 균등상환이 아닌 원금 균등상환으로 신청해, 원리금 상환 부담이 갈수록 줄어드는 구조로 설계하자고 했습니다. 이렇게 되면 퇴임 전까지 최향미 선생님 부부의 평소 한 달 원리금 상환 부담은 273만 원부터 시작해, 주택담보대출로만 대출금을 조달할 때에 비해 2배가 넘게 됩니다.

| 우선<br>순위 | 금융기관 | 대출명 | 대출금(만 원) | 줄어드는 월 원리금 상환 부담 | 상환 소요기간<br>(년) |
|---|---|---|---|---|---|
| 최향미 선생님 부부의 연 대출상환여력(만 원) | | | 7,150 | 273~ | · |
| 1 | 교직원공제회 | 일반대여 | 20,000 | 200 | 6 |
| 1 | 공무원연금공단 | 주택담보대출 | 7,000 | 57 | |
| 3 | 1금융권 | 주택담보대출 | 3,000 | 16 | 30<br>(10) |
| 대출금 총액(만 원) | | | 30,000 | | · |

최향미 선생님이 필자와 함께 수립한 대출상환계획

이렇게 되면 어떻게 될까요? 앞으로 남은 6년간 두 분의 월급만으로 상환하는 대출원금은 공무원연금공단 3,200만 원, 교직원공제회 7,400만 원 해서 총 1억 600만 원 정도입니다. 나머지 1억 6,400만 원은 최향미 선생님과 사부님 두 분의 보너스(연 3,550만 원)를 모두 투입해 5년 남짓이면 모두 갚아버릴 수 있습니다. 교사가 이용 가능한 사내대출 두 곳은 주택담보대출과 달리 초기(3년) 중도상환수수료(통상적으로 상환금액의 1.4% 정도)도 없습니다. 그래서 주택담보대출의 비중을 줄이고 사내대출의 비중을 최대한 늘리자고 말씀드린 것입니다. 그러면 정년퇴임하고 두 분에게 남는 빚은 주택담보대출밖에 없습니다.

퇴임 무렵 두 분의 주택담보대출 원리금 상환 부담은 한 달 14만 원 정도에 불과하므로(그마저도 매달 계속 줄어듦), 두 분의 퇴임 후 연금소득인 월 600만 원 정도로 갚아나가기에 부담이 없습니다. 보통 주택담보대출의 중도상환수수료가 발생하는 것은 대출 실행 후 3년까지이므로, 최향미 선생님 부부의 연금소득으로 생활하면서 남은 돈을 모아 중도상환해 나가도 됩니다. 그러면 수수료 부담도 없애면서 대출 원리금 상환 부담을 더 낮출 수 있다는 장점이 있지요. 잘만 하면 두 분이 65세나 70세가 되기 전에 대출금을 모두 갚아버리는 것도 가능하겠습니다. 이렇게 최향미 선생님의 정년퇴임 후 이사 계획이 완성되었습니다.

결론을 말씀드려 볼까요? 최향미 선생님처럼 퇴임을 코앞에 둔 원로 교사분들께서 내 집 마련을 감행한다면, 주택담보대출의 비중을 줄이고 사내대출의 비중을 늘리는 것이 유리합니다. 만기가 짧아서 매월 원리금 상환 부담은 늘어나지만, 원금이 더 많이 갚아진다는 특징이 있습니다. 그렇게 퇴임 전까지 가계경제에 부담이 되지 않는 선에서 최대한 대출을 갚아놓는 것이 유리합니다. 그렇게 해야 퇴임을 했을 때 대출금의 원리금 상환 부담을 줄여서, 한층 더 넉넉한 노후가 가능해지기 때문입니다.

그나마 최향미 선생님은 가계경제의 수입 대비 대출 부담이 적은 편이었지만, 선생님보다 부족한 돈이 많은 경우에는 어떻게 할까요? 그 경우에는 주택담보대출의 비중을 좀 더 늘리고, 사내대출을 정년퇴임 시까지 모두 갚을 수 있도록 줄이면 됩니다. 그렇게 퇴임했을 때 남은 주택담보대출의 원리금 상환 부담이 크면 주택연금에 가입해 역모기지로 전환하면 되고, 부담이 괜찮으면 계속 갚아나가면 됩니다. 단, 주택연금의 가입 자격은 공시가격 9억 원 이내이므로, 가입하려는 아파트의 현재 공시가를 잘 확인해야 합니다.

'세상에나, 내가 책을 다 쓰다니….'

이 글을 쓰는 지금, 필자의 가슴은 쿵쾅쿵쾅 뜁니다. 볼을 꼬집어도 봅니다. 도저히 믿어지지 않습니다. 이 글을 마무리 짓게 되면 필자는 이제 작가가 됩니다.

사실 필자는 학창시절에 글을 쓰는 직업을 가지고 싶었습니다. 우리 나라와 세계 이곳저곳을 누비면서, 필봉을 휘두르며 불의가 보이면 거 침없이 비판하는 언론인이 되는 것이 꿈이었습니다. JTBC 방송국의 손 석희 해외 순회특파원이 필자의 우상이었습니다. 그러나 고등학교 시 절 수능이 끝나고 생각지도 않게 교직의 길을 걸으면서, 필자의 인생은 180도 바뀌기 시작했습니다. 대학 시절 교지 편집부에 몸담으면서 몇 편 글을 써보기도 했지만, 아이들을 가르칠 내가 글을 쓸 일은 평생 없 으리라 생각했습니다. 그렇게 필자는 평생을 꿈꿔온 꿈을 접었습니다.

'글쟁이'를 꿈꾸었던 필자에게 다시 불을 지핀 것은 필자의 아내 설 한나 선생님이었습니다. 필자와 달리 자기 일에 무척이나 유능한 교사 인 아내는, 필자가 교사 일을 하면서 좀처럼 삶의 보람을 찾지 못하는 것을 무척이나 안타까워했습니다.

아내는 한 걸음, 한 걸음씩 필자가 삶의 활력을 찾을 수 있도록 이끌어주기 시작했습니다. 필자가 교직에 있으면서 보람을 찾을 방법을 찾기 위해 부단히 뛰어다녔습니다. 그 와중에 필자가 초등교사 커뮤니티 '인디스쿨'에 글을 올리는 것을 본 아내가 말했습니다.

"여보, 지금 쓴 그 글로 책을 내보면 되잖아?"

필자의 영혼은 다시 불타오르는 기분이었습니다. 왜 이런 걸 몰랐을까. 그때부터 필자는 부지런히 뛰기 시작했습니다. 글을 쓰고, 다듬으며, 부족한 부분은 다시 쓰는 작업을 몇 달을 반복했습니다. 교사가 되고 나서 이렇게 행복한 순간은 처음이었습니다. 아이들을 가르치는 일에도 힘이 생겼습니다.

그렇게 글쓰기에 힘쓰며 또 몇 달을 보냈고 결국 결과물이 나왔습니다. 필자의 부족한 글도 나름대로 모양을 갖춰 세상 사람들 앞에 첫선을 보이게 되었습니다. 아, 지금도 가슴이 마구 뜁니다. 가장 먼저 아내에게 달려가 꼭 안아줘야겠습니다. 내가 이 세상에서 가장 사랑하는 아내 설한나 님, 고맙습니다.

필자는 몹시 부족한 사람입니다. 현직 은행원이거나 관련 업계에 종사하고 있는 사람이 아닌데 이 글을 썼습니다. 열심히 준비했지만, 지금도 글에 큰 문제가 있을까 봐 걱정되는 것이 사실입니다. 이제 필자는 공을 독자 여러분께 돌리려고 합니다. 혹시나 필자가 실수를 저질렀다면 따끔하게 지적해주시기 바랍니다. 한편으로는 필자를 너그러운 마음으로 쓰다듬어 주시기를 부탁드립니다. 그리고 필자가 독자분들의 슬기로운 금융 생활에 길잡이가 될 수 있도록, 도움이 필요하면 언제든지 문을 두드려 주십시오. 언제든지 문을 활짝 열어놓고 있겠습니다.

이제 글을 마무리할 시간입니다. 지면을 빌려 소심한 성격 탓에 고마움을 직접 표시하지 못했던 이들에게 감사의 인사를 드려야겠습니다.

먼저 지금 이 자리에 설 수 있도록 저를 키워주신 부모님과 저를 응원해주신 장인어른, 장모님께 감사드립니다. "형, 정말 대단해~"라고 용기를 북돋워 준 동생 성현이에게도 고맙습니다. 말은 아직 못하지만 해맑은 웃음으로 아빠에게 힘을 불어넣어 주는 돌쟁이 아들 예찬이도 고맙습니다. 아울러 저를 위해 지금도 눈물 뿌리며 기도하시는 사랑하는 외삼촌 한원길 목사님께도 감사합니다. 한없이 부족한 초등교사인 필자가 힘들어할 때마다 선배와 동료로서 도움의 손길을 내밀어주신 김해자 교장 선생님과 이동혁 교감 선생님, 인천시 부평초등학교의 모든 선생님께도 감사드립니다. 제가 글을 쓸 수 있도록 저의 부족한 글에 응원을 보내주신 초등교사 커뮤니티 '인디스쿨'의 랜선 동료, 선후배 선생님들께도 고개 숙여 감사드립니다.

필자의 가치를 알아봐주고 선뜻 출판의 자리를 마련해주신 두드림미디어의 한성주 대표님께도 감사의 말씀을 드려야겠습니다. 작가의 길에 나서면서 두려움이 많았습니다. 내 가치를 누가 알아봐주나 의심도 해보고 자신도 없었습니다. 그러던 중에 "작가님, 글에 달란트가 있는 것 같아요"라며 제 글을 알아봐주신 분이 바로 한성주 대표님이셨습니다. 필자를 끝까지 믿고 글을 멋지게 마무리할 수 있도록 격려해주신 대표님께 큰절을 올립니다.

마지막으로 지금까지 모든 상황을 주관하고 살피며, 필자가 힘들어 넘어질 때마다 능력의 손을 선뜻 건네신 하나님께 감사와 영광을 돌립니다.

감사합니다.

독자분들의 슬기로운 금융 생활을 응원하며
주지현(네모쌤) 드림

투자 초보자도 쉽게 따라 하는
# 부동산 대출의 기술

**제1판 1쇄** 2022년 9월 30일
**제1판 2쇄** 2023년 1월 30일

**지은이** 주지현
**펴낸이** 최경선      **펴낸곳** 매경출판㈜
**기획제작** ㈜두드림미디어
**책임편집** 이향선, 배성분      **디자인** 김진나(nah1052@naver.com)
**마케팅** 김성현, 한동우, 장하라

**매경출판㈜**
**등록** 2003년 4월 24일(No. 2-3759)
**주소** (04557) 서울시 중구 충무로 2(필동 1가) 매일경제 별관 2층 매경출판㈜
**홈페이지** www.mkbook.co.kr
**전화** 02)333-3577
**이메일** dodreamedia@naver.com(원고 투고 및 출판 관련 문의)
**인쇄·제본** ㈜M-print 031)8071-0961

ISBN 979-11-6484-467-8 (03320)

# 같이 읽으면 좋은 책들

향후 5년 부동산 정책 핵심 공략
문재인 시대
부동산 트렌드

주택 연출가
무조건 따라하기

커피 한 잔 값으로
초대형 오피스 주인 되기
리츠
얼리어답터

고수들을 만나주는    톱투오션 토지 경매
신의 한 수
금맥
경매
토지 경매로 금맥을 캐다

주택
아파트
세무 가이드북
실전편

권리분석
완전정복으로
10년 안에
10억 벌기

고수가 알려주는 필살 단 한 땅 투자의 모든 것
대한민국을
움직이는
땅 투자 법칙 100

땅투자
10단계 절대불변의 법칙

흔한 직장인의 흔하지 않은 부잡 경매 성공기
돈의 보감
평범한 샐러리맨, 투잡 경매로
5년에 10억 벌다

경매로 재테크하고
NPL로 두 번째 월급 받다

나는 갭 투자로
300채 집주인이
되었다

아파트 300채 부자
박정수가 공개하는
화제의 투자법 대공개!

토지
세무
가이드북
실전편

新 상가
투자
보물
찾기

상가
세무
가이드북
실전편

NPL
가격 산정의 비밀

응답하라!!
위기의
부동산

나는
토지 경매로
금맥을 캔다

NPL과 경매, 투자처만 아니다
토지보상경매
실전활용

세무조사
실무
가이드북
실전편

야생화의
기초 경매

자산을
블링블링 키우는
포인트 경매

(주) 두드림미디어 카페
https://cafe.naver.com/dodreamedia

Tel : 02-333-3577
E-mail : dodreamedia@naver.com